NCS 기반
셀프취업 가이드북

박서현

유원북스

서문

4차 산업혁명이 초래하는 디지털 대전환 시대가 다가왔습니다. 우리는 직무 환경 전반에 걸쳐 이제까지 경험해 보지 못한 새로운 변화를 맞이하고 있습니다. 이에 따라 오늘날의 채용시장은 과거와 같이 학벌이나 스펙 쌓기가 아닌 자신의 실질적인 역량과 성과를 먼저 평가하는 '능력중심채용'으로 빠르게 전환되고 있습니다. 이 책은 새롭게 변한 채용환경에서 구직자나 직장인이 자기 스스로 역량을 파악하고 그 역량을 제대로 발휘하고 개발하는 것을 돕기 위해서 만들어졌습니다.

본 가이드북은 국가직무표준능력(NCS)에 기반해서 가장 중요한 직업기초능력부터 자기 역량 분석과 진로 분석에 이르기까지 폭넓은 내용을 담았습니다. 특히 1장과 2장에는 4차 산업혁명 시대의 채용 트랜드와 NCS의 개념과 원리를 소개하여 이 책을 읽는 독자들이 오늘날 변화하는 현대 채용시장의 흐름을 폭넓게 이해할 수 있도록 돕고 있습니다. 또한 3장과 4장에서 의사소통과 문제해결, 조직이해능력 등 직무 현장에서 필수적으로 요구되는 역량과 자신이 이루어온 성과를 바탕으로 기업, 공공기관 등의 입사지원서를 작성하고 면접에 대비하는 구체적인 방법을 안내하고 있습니다. 마지막으로 5장에서는 MBTI 등의 다양한 자기

분석 기법을 통해서 '나' 자신을 객관적으로 바라보고 나의 장점을 살리고 단점을 극복할 수 있는 방법과 이를 바탕으로 진로 방향성을 설정하고 직무 선택을 좀 더 구체화할 수 있도록 안내하고 있습니다. 이 책을 읽는 독자 여러분께서는 책에서 제시된 내용들을 바탕으로 쌓아온 나의 성과와 나만의 역량을 올바르게 인식하여, 빠르게 변하는 취업시장에서도 흔들림 없이 목표를 향해 나아갈 수 있을 것입니다. 이 한권의 책이 여러분의 성공적인 커리어와 취업 여정에 든든한 이정표가 되기를 기원합니다.

또한 무엇보다 이 책을 기획하고 출간하는데 까지 아낌없이 조언과 격려를 보내주신 경성대학교 이상식 교수님, 본 서의 출간을 위해 물심양면으로 도움을 주신 유원북스 이구만 대표님과 직원 분들에게 감사의 마음을 전합니다.

저자 **박서현**

목차

제1장. 변화하는 시대와 직업의 세계

제2장 NCS국가직무능력표준과 능력중심의 채용시장

제3장 NCS직업기초능력

제 1 장

변화하는 시대와 직업의 세계

1. 4차 산업혁명과 일자리 변화
2. 변화하는 채용 시장과 미래 직업 전망

한때는 조직에서 오래 근무하면 승진과 안정적인 고용을 보장하는 것이 일반적이었고 직장인의 중요한 목표였었다. 하지만 오늘날 이러한 연공 서열적 개념은 더 이상 일반적으로 받아들여지기 어려워졌다.

특히, 코로나19 팬데믹 이후 우리나라 경제와 산업 전반이 급속히 변화하였고 사회에 진출하는 세대들의 인식마저 크게 변화하면서 기업들은 새로운 경영방식과 인재 관리 방법을 고민하고 있다. 기존의 업무 환경과 다른 원격 근무 방식과 유연한 근무 방식이 나라 전반에 확산하면서 조직과 기업 중심의 직장 문화보다 개인의 역량과 유연성, 개인의 행복이 더 중요한 요소로 떠 오르고 있다.

이제 직업을 선택할 때, 단순히 한 기업, 한 조직에서 오랫동안 속하는 것만 고려하는 시대는 지나가고 있고 개인의 적성과 역량, 미래 성장 가능성을 고민하는 것이 필수이다. 4차 산업혁명 시대에서 살아남고 계속 성장하기 위해서는 사회, 경제, 기술, 조직, 문화 등 변화하는 직업 환경을 이해하고 능동적으로 대처하는 자세가 필요할 것이다.

1 4차 산업혁명과 일자리 변화

4차 산업혁명은 기존에 우리가 겪었던 혁명보다 더 큰 물결로 다가오고 있다. 단순한 기술적인 발전을 넘어서서 사회와 경제, 문화 등 전반에 걸친 혁신적 변화를 불러오는 거대한 흐름이라 할 수 있다.

빅데이터와 사물인터넷, 인공지능, 미디어콘텐츠, 클라우드, 온·오프라인 융합, 클라우드 컴퓨팅 등 첨단 기술이 융합되면서 산업의 구조뿐만 아니라 인간의 모든 생활 환경과 문화, 인식까지 바뀌고 있으며, 이는 직업의 개념을 극적으로 바꾸는 이유가 되고 있다. 우리는 기존 직업의 소멸과 새로운 직업의 탄생을 눈으로 목격하게 될 것이고 그것은 더욱더 가속화될 것이다.

1) 4차 산업혁명의 특징

4차 산업혁명 시대의 직업 환경 변화는 다음과 같은 핵심 요소로 요약할 수 있다.

- 네트워크 중심의 초연결 시대(IoT, Cloud 기반): 태블릿, 휴대전화, 컴퓨터에서 TV, 냉장고에 이르기까지 다양한 기기시스템이 인터넷을 통해 서로 실시간으로 연결됨.
- 멀티플레이어 시대(다양한 직무 수행 요구 증가): 산업 간 융합 확

대로 서로 다른 분야의 기술과 산업이 서로 융합하면서 새로운 경제구조와 직업이 태어남.

- 노동자의 업무 감소(자동화 및 인공지능 대체): 인공지능과 빅데이터 등의 확산으로 반복적이고 규칙적인 업무는 점차 인공지능과 로봇으로 대체됨.
- 전문직 보호 장벽 약화(기술 발전에 따른 변화): 핵심적 판단을 제외한 일률적 규정 등에 의한 판단은 인공지능으로 대체됨.
- 경력관리 개념 변화(다양한 직업 경험과 유연한 경력관리 필요): 급격히 변화하는 직업 환경에 유연한 사고와 적응력이 요구됨.
- 디지털 기술 기반의 산업 변화(기술발전으로 인한 급속한 디지털화): 디지털과 데이터를 이용하는 비즈니스 모델이 급부상중이며, 이를 활용하는 기업이 폭증하고 있음.

이러한 변화는 기업이 요구하는 채용 조건에 영향을 미쳐, 단순한 대학 졸업장이나 자격증이 아닌 실제 역량과 창의적 문제 해결 능력 등을 중시하는 방향으로 이동하고 있다.

2) 미래 사회에서 요구하는 핵심 역량, 인재상

[그림1-1] 21세기의 가장 핵심적인 16가지 기술

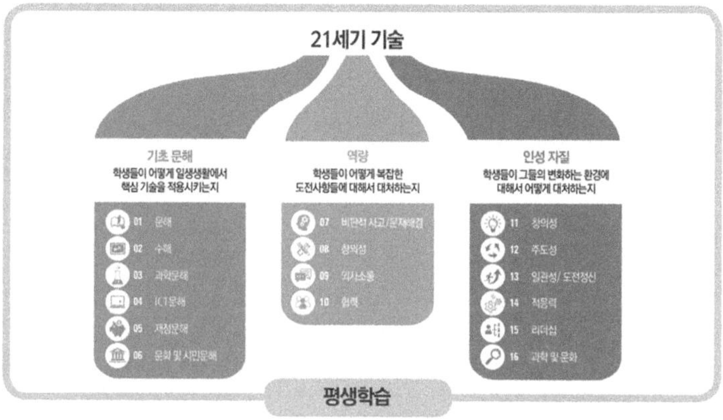

출처 : World Economic Forum(2015b). *New vision for education: Unlocking the potential of technology.* Colony/Geneva: World Economic Forum, p.3.

4차 산업혁명 시대에 변하는 직업 환경 속에서 적응하고 성공하기 위해서는 기존의 직업관으로 힘들 수 있다. 따라서 자신의 직업관을 재정립하고 미래 사회에서 요구하는 역량을 개발하는 것이 필수이다. 오늘날 기업들은 다음과 같은 능력과 역량을 갖춘 인재를 필요로 할 것이다.

가) 창의적 문제 해결 능력

- 기업이 가장 중요하게 평가하는 핵심 역량
- 융합 기술과 초연결 환경으로 인해 현실 세계의 복잡성이 증가
- 단순 문제는 인공지능이 해결하므로 창의적 문제 해결 능력 필수

- 기존의 업무처리 방식을 고집하지 않고 새로운 방법으로 문제를 해결할 수 있는 능력이 필수
- 정형화된 작업은 인공지능이 처리하는 시대가 되면서, 인간보다 창의적이고 혁신적 사고 강조될 것임

나) 학습 민첩성이 높은 사람

- 빠르게 변화하는 직무 환경에 적응할 수 있어야 함
- 기존보다 훨씬 다양한 직무 경험 필요
- 지식 반감기가 짧아지면서(1~3년 주기) 지속적인 학습 역량 중요
- 기술, 사업 변화가 더욱더 빨라지면서 지속적인 학습 역량, 새로운 지식을 받아들이는 유연한 사고가 더욱 중요해지고 있음
- 한가지 전문성이 중요했던 과거와 달리 보다 다양한 기술, 인문 등의 역량을 조합하고 활용하는 것이 중요함

다) 협업 능력이 뛰어난 사람

- 산업 간 융합과 복잡성이 증가하며 협업의 중요성 증대
- 전체 인력의 30~40%가 프리랜서로 활동 → 협업 범위 확대
- 융합이 확대되면서 산업 간 경계가 모호해지므로 다양한 배경과 전문성을 가진 사람들과 협업하는 역량이 필요함
- 비대면 업무 환경이 발달함에 따라, 효과적인 온라인 협업 능력, 소통 기술이 필수적인 요소로 등장함

라) 디지털 역량이 뛰어난 사람

- 4차 산업혁명에서 SW(소프트웨어)가 HW(하드웨어)의 가치를 극대화
- 디지털 기술 활용 능력이 학습 및 문제 해결 역량을 증폭시킴
- 빅데이터, 인공지능과 같은 기술을 활용하여 효율적 업무 역량이 요구됨
- 디지털 환경에서 문제 해결 능력과 디지털 기술 친화성이 향후 직업 선택에 중요한 요소가 될 것임

마) 공감과 소통 능력이 뛰어난 사람

- 고객과 조직 구성원의 바람(needs)을 깊이 이해하는 능력 필수
- 다양한 산업과 기술 환경에서 공감하고 원활히 소통할 수 있는 역량 중요
- 더욱더 온라인화, 더욱더 인공지능화되면서 업무에서 탈인간화가 가속화됨에 따라 구성원 간 소통 역량이 더욱 강조될 것임

2 변화하는 채용 시장과 미래 직업 전망

1) 4차 산업혁명과 직업 환경 변화

4차 산업혁명 시대에는 디지털, 바이오, 물리학 등 다양한 산업이 융합되면서 산업과 직업의 경계가 모호해지고 융합이 가속화되리라 전망되고 있다(서미영, 2016). 이에 따라 초연결 디지털 기반의 산업・직업 생태계가 급격히 도입될 것이다.

이러한 변화는 단순히 직업이나 일자리 증가, 감소에 국한되지 않고 산업 전반에 걸친 구조와 업무처리 방식에 근본적인 변화를 일으킬 것이다. 한국고용정보원(2016)의 조사에 따르면, 직업인 중 75.6%가 4차 산업혁명으로 인해 자신의 업무처리 방식이 변화할 것이라고 응답하고 있었다(김한준, 2017, p.37, 재인용).

2) 인공지능(AI)의 협업 시대

4차 산업혁명이 발전함에 따라 빅데이터, 인공지능 기술도 급격히 발전하고 있다. 인공지능은 다양한 분야에서 인간의 업무를 보조하는 것에서 협업 또는 단독 수행까지 활용될 것으로 전망되고 있다. 인공지능은 방대한 학습 데이터를 이용하여 신속하고 정밀하게 분석하여 해결책을 제시하는 데 강점이 있다. 하지만, 윤리적 판단, 감성적 배려, 업무의 최종 판단, 창의적 사고가 요구되는 분야는 여전히 인간의 몫이 될 것이다. 주요 분야별 인공지능과 인간 사이의 역할 변화는 다음과 같다.

가) 의료 분야

의료 분야에서는 인공지능이 환자의 진료 기록, 유전자 정보, 영상 데이터 분석, 진단과 치료 방법 제안 등 그 활용 분야는 무궁무진할 것으로 보인다. 특히 인공지능은 진단 과정에 최적의 방법을 도출하여 더욱더 정확한 진단 결과를 제시하여 의료진에게 유용한 정보를 제공할 것이다.

그러나 환자의 상태를 종합적으로 고려하는 데는 아직 한계가 크며, 최종적인 판단을 내리는 것은 인간, 의사의 몫으로 남게 될 것이다. 또한 실제 수술과 집도, 치료적 과정에서 기술을 적용하고 세밀한 판단을 하는 것은 여전히 의료진의 몫으로 남을 것이다.

나) 법조계

인공지능은 법률 자료와 기존 판례를 신속하게 검색하고 분석하는 역할을 수행할 수 있다. 이를 통해서 변호사나 검사, 판사는 유사한 판례를 참조하여 신속하고 정확하며 공정한 법적 판단을 내리는 데 보조할 수 있을 것이다.

인공지능은 문서를 분석하고 신속하게 논리를 정리하는 데 강점이 있는 것은 사실이나 법률 사건에 대한 법적 해석과 도덕적·윤리적 고려, 사건 전반에 걸친 종합적인 판단은 여전히 인간의 몫이다.

다) 교육 분야

교육에도 인공지능의 활용도가 높아지고 있다. 인공지능은 학생들의 학습 결과 데이터를 분석하여 맞춤형 교육 계획을 제공함으로써 역량을 강화하는 데 도움을 줄 수 있다. 특히 학생이 수행하는 다양한 비교과 및 교과 활동, 봉사활동, 과외 활동 등을 체계적으로 분석하여 최적의 학업 계획을 수립하는 데 도움을 줄 것이다.

하지만 학생 개인의 특성과 성향, 심리적 기질까지 고려한 상담과 공감의 역할은 여전히 교사들의 몫이 될 수밖에 없다. 교사는 학생들과 직접 소통하고 공감함으로써 단순히 학습 데이터를 분석하고 최적의 학습계획을 세우는 것 이상의 지도와 미래 방향성을 제공하기 때문이다.

라) 공공행정 분야

공공행정 분야에서 인공지능은 업무의 효율성을 대폭 향상시킬 것이다. 인공지능은 민원의 발생, 응대, 처리, 피드백까지 다양한 데이터들을 분석하고 체계적으로 대응할 수 있도록 할 것이며, 사업 계획, 예산의 편성, 절차 등의 업무를 보조함으로써 행정 효율 혁신을 가져올 것이다.

하지만, 창의적인 정책 수립, 새로운 사회 문제에 대한 창의적 문제 해결은 여전히 공무원들의 몫이 될 것이다. 또한 민원에서도 민원인들에 대한 특성, 정서 등에 대한 공감과 소통도 분명히 인간의 일로 남을 것이다. 예측하지 못하는 행정 변수들은 인간의 몫이 될 수밖에 없다.

마) 예술 · 창의 분야

예술과 미디어와 같은 창의 분야에서 인공지능의 활약은 두드러진다. 미드저니(midjourney)와 인비디오(invideo)와 같은 생성형 인공지능은 예술적 재능이 없는 사람에게도 예술적 · 창의적 표현의 기회를 제공하고 있다. 이에 따라 예술적 작품을 더욱 많은 사람에게 창조할 수 있게 만들고 보다 많은 사람들에게 효율적으로 전달될 수 있도록 할 것이다. 하지만 창의적 기획과 감성적인 표현은 여전히 인간, 예술가, 창작가의 고유한 영역이다. 예술과 창작은 고도의 감각적 경험과 인간의 내면 감성과 감정을 담아내는 분석하기 어려운 과정이기 때문에 인공지능이 모방은 할 수 있으나 그 깊은 속까지 담아내기는 어려울 것이다.

3) 변화에 따른 시사점

인공지능은 다양한 분야에서 효율적으로 데이터를 분석하고 반복적인 업무를 경감, 자동화하여 업무를 보조하는 강력한 도구로 인간의 업무를 덜어 주는 데 큰 역할을 할 것이다. 하지만 최종 결정과 최종 판단은 고도의 정신적 사유에 의해 일어나므로 여전히 인간의 역할이 핵심적일 수밖에 없다. 인간과 인공지능은 서로 장단점을 보완하고 협업해 나가는 형태로 직업 환경이 변화하므로 더욱더 깊은 사고와 창의적 문제 해결 역량이 더 강조될 것이다. 따라서, 미래의 직업인은 AI와 협력할 수 있는 역량을 길러야 하며, 새로운 기술과 변화에 적응할 수 있는 유연한 사고와 학습 능력, 창의적 문제 해결 역량이 필수적이다.

2024년 대기업 채용 동향 및 인식 조사 2024.3.한국경제인연합회

세계경제포럼(2016)에 따르면 제4차 산업혁명 시대에는 디지털과 바이오 산업, 물리학, 그리고 다른 산업 등이 융합되어 산업별, 직업별 또는 직업의 업무별 경계가 모호해지고 융합되는 시대가 도래할 것으로 전망하였다(서미영, 2016). 4차 산업혁명 시대에는 산업별 또는 직업별 경계가 사라지고 초연결 디지털 기반의 산업·직업생태계가 조성될 것으로 전망된다.

4차 산업혁명에 따른 변화는 직업이나 일자리가 감소하거나 증가하는 것뿐만 아니라 산업의 구조 및 각 직업의 업무 내용과 수행 방식에 큰 변화를 가져올 것으로 전망되고 있다. 한국고용정보원(2016)의 4차 산업혁명에 대한 직업인 조사 결과에 따르면 응답자의 75.6%가 업무가 변화할 것이라고 응답하였다(김한준, 2017. p.37 재인용).

많은 산업과 직업에서 인간(직업인)과 인공지능(또는 기계)의 관계는 인간의 신체적 · 인지적 능력을 보완(보강)하거나 협업하는 관계로 진행될 것이다. 직업의 업무방식 변화를 예를 들면 다음과 같다.

최적의 수술방법을 인공지능(AI)이 분석 · 제시하되 종합적 판단과 책임은 의사가 담당할 것이다. 기존 판례 수집은 인공지능이 담당하고, 새로운 사건에 대한 종합적 판단과 결정은 법조인이 담당할 것이다. 입시 관련 데이터 등은 인공지능이 수집 · 분석하고, 상담과 종합적 판단은 교사가 담당할 것이다. 정형화된 민원 답변, 사례 및 통계 수집, 예산 처리 등은 인공지능이 담당하고, 새로운 정책의 입안과 데이터가 없는 업무는 공무원이 담당하게 될 것이다. 홍보와 판매 등은 인공지능이 담당하고, 창의력과 감성적 영역은 예술가의 업무 영역으로 지속될 것으로 예상된다(김한준, 2017. p.43).

4) 변화하는 고용 시장과 직업 전망

4차 산업혁명의 발전과 함께 기술 혁신이 인간의 신체적·인지적 노동력을 대체하는 속도가 점점 빨라지고 있다. 따라서 인간이 수행하던 직업들 중 일부는 사라지거나 축소될 것이며 반면 새로운 기술과 창의성, 감성, 소통이 요구되는 직업은 증가할 것으로 예상된다.

- 프레이와 오스본(Frey&Osborne,2013)의 연구에 따르면, 향후 20년 이내에 현존하는 직업 중 47%가 자동화 기술 발전으로 사라질 가능성이 있다고 분석되었다. 이는 산업 전반에 걸쳐 기계와 전자, 인공지능이 인간이 수행하던 일을 대체하는 속도가 더욱 가속될 것임을 의미한다.

• 맥킨지(Mekinsey 2017) 보고서에서도 유사한 전망을 제시하였다. 단순하고 반복적인 일을 수행하는 직업은 서서히 감소할 것이고 반대로 창의적인 문제 해결 능력과 감성적 소통과 교류가 필요한 직업은 인간이 더욱 중요해질 것으로 분석되었다.

이러한 변화는 특정 산업에만 일어나는 것이 아니고 모든 경제, 산업 전반에 걸쳐 일자리 구조를 근본적으로 바꿀 것으로 예상된다. 미래 고용 시장에서는 기존의 업무처리 방식을 고집해서는 안되며 보다 더 인간다운 인간만이 수행할 수 있는 독창적인 역량을 갖춘 인재의 가치가 높아지게 될 것이다.

5) 고용 감소가 예상되는 직업의 특징

기술 발전과 자동화, 인공지능이 도입됨에 따라, 특정 직업은 줄어들거나 사라질 가능성이 높아지고 있다. 다음은 이러한 4차 산업혁명 변화 속에서 감소할 것으로 예상되는 주요 직업들이다.

가) 정형화된 업무를 수행하는 직업

기존 데이터를 이용하여 일정한 패턴으로 반복적인 업무를 수행하는 직종은 자동화, 인공지능에 의해서 대체될 가능성이 높다. 유사하고 규칙적인 패턴의 반복 업무는 기계 학습과 알고리즘 발전으로 인간의 개입이 필요 없게 될 것이다.

나) 자동화 비용이 인건비보다 저렴한 직업

기업 입장에서 인공지능과 로봇 기술을 도입하는 것이 인건비보다 비용 효율적으로 유리하다면 해당 직군은 자동화시킬 가능성이 높다. 인공지능의 재빠른 업무처리와 정확성은 생산성을 높이는 데 기여할 것이며 동시에 인건비 부담을 줄이므로 기업은 선호할 수밖에 없을 것이다. 콜센터 상담원, 단순 조립 생산직, 마트 계산원 등과 같은 일자리는 점차 사라질 가능성이 높아지고 있다.

다) 인공지능·로봇이 더 뛰어난 수행 능력을 보이는 직업

고도의 정밀한 분석과 반복적인 계산을 요구하는 업무는 인간보다 인공지능이 더 빠르고 더 정확할 것이다. 이러한 일자리에서는 인공지능의 판단력을 점차 신뢰하게 될 가능성이 높아지고 있고, 결국 사람보다 효율적인 결과를 제시하게 될 것이다. 기본적인 법률 자문(법률 서기), 기초 진단 분석(방사선 판독사), 단순 회계·경리 업무직은 점차 사라질 가능성이 높아지고 있다.

특히, 관리 · 기술 · 사무 · 판매 분야의 화이트칼라 직업 중에서도 정형화된 업무를 담당하는 직업은 감소할 가능성이 큼.

6) 고용 증가가 예상되는 직업의 특징

기술의 발전과 경제, 산업 구조 변화에 따라 새롭게 나타나거나 더욱 중요해지는 직업들도 생길 것이다. 앞으로 고용 시장에서

수요가 증가할 것이라 예상되는 직업의 특징은 다음과 같다.

가) 창의적 사고와 문제 해결 능력이 필요한 직업

단순하고 반복적인 업무는 인공지능이 빠르게 대체하고 있는 반면, 창의적 사고와 문제 해결 능력이 필요한 직업은 더욱 중요성이 높아지고 있다. 인간이 가지고 있는 고유의 창의성과 논리적 사고, 감성, 소통을 요구하는 분야의 직업은 인공지능이 쉽게 대체하기 어렵다. 따라서 이러한 직무, 일자리의 가치는 더욱 높아질 것이다.

UX/UI 디자이너, 콘텐츠 기획자, 연구개발직(R&D)

나) 감성적 교류와 공감이 중요한 직업

인공지능은 데이터를 분석하고 판단하는 데 강점을 보이지만 인간의 감성과 감정을 이해하는 공감과 소통 능력은 부족하다. 따라서 인간과 상호작용이 필요한 직업은 여전히 높은 수요를 유지하게 될 것이다. 아니, 오히려 더 중요해질 가능성이 높다.

심리 상담사, 간호사, 물리치료사, 사회복지사, 교사

다) AI · 로봇을 활용 · 관리하는 직업

경제와 산업의 디지털 전환과 자동화가 가속화됨에 따라, 인공지능과 로봇, 자동화 기술을 개발하고 운영하는 직업의 중요성은 더욱 커질 것이다. 이러한 분야의 기술 인력 수요는 점차 증가하게 될 것이다.

💡 **데이터 과학자, AI엔지니어, 로봇 프로그래머, 클라우드전문가**

라) 지속적으로 학습하고 적응할 수 있는 직업

기술이 빠르게 변화하는 시대에서 한 가지 기술이나 한 가지 전문성에 의존하면 쉽게 도태될 수 있다. 따라서 지속적인 자기주도 학습과 새로운 환경에 대한 적응 능력, 융합과 혁신 능력이 점차 중요해질 것이다. 특히 디지털 기반의 새로운 직업군이 계속 등장하게 되면서 최신 기술을 지속해서 익히고 사용하고 응용할 수 있는 직업들은 수요가 높아질 것이다.

💡 **디지털 마케터, 온라인 교육 전문가, 미래 직업 개발 컨설턴트**

7) 변화에 대한 시사점

가) 일자리의 변화는 위기이자 기회

기존 일부 직업은 점차 감소하겠지만, 동시에 새로운 직업이 나타나고 기존의 직업도 새로운 형태로 변화하게 될 것이다. 변화의 흐름을 이해하고 대비하는 것이 중요하다.

나) 자동화 시대에는 창의성·문제 해결 능력·협업 능력이 핵심

단순하고 반복적인 업무는 인공지능이 대체할 가능성이 높아진다. 인간만이 할 수 있고 인간이 장점인 창의적 사고와 문제 해결 능력, 감성 기반의 소통 능력을 개발하는 것이 필수적이다.

다) 새로운 기술을 배우고 변화에 유연하게 대응하는 것이 필요

급변하는 경제와 산업에 적응하기 위해서는 자기주도 학습 능력이 필요하다. 이에 살아가는 동안 평생 학습이 필수이며, 디지털 및 기술 친화적인 태도를 갖추는 것이 경쟁력을 높이는 길이다.

☞ **미래의 변화에 대비하여 끊임없이 배우고 성장하는 자세가 중요합니다!** ☜

8) 신규 채용 시장 3대 트랜드

최근 채용 시장은 변화하는 경제와 산업 환경에 맞추어 새로운 채용 방식이 확산되고 있다. 기업은 더 우수한 인재를 선발하기 위해 다양한 선발 방식을 도입하고 있으며, 다음의 새로운 트랜드가 두드러지고 있다.

가) 경력을 가지고 있는 신입(중고신입) 선호

기업은 신입사원을 채용할 때, 기업에 적합한 직무 교육을 새롭게 할 필요 없는 이미 경력을 가지고 있는 실무형 인재를 선호하는 경향이 두드러지고 있다. 이에 따라 일정 기간의 경력을 가지고 있는 상태의 신입직원, 일명 중고신입을 환영하고 있는 추세이다. 특히 기업들이 신입사원 채용 시 가장 중요하게 고려하는 요소들은 다음과 같다.

[그림1-2] 중고신입의 비중과 경영

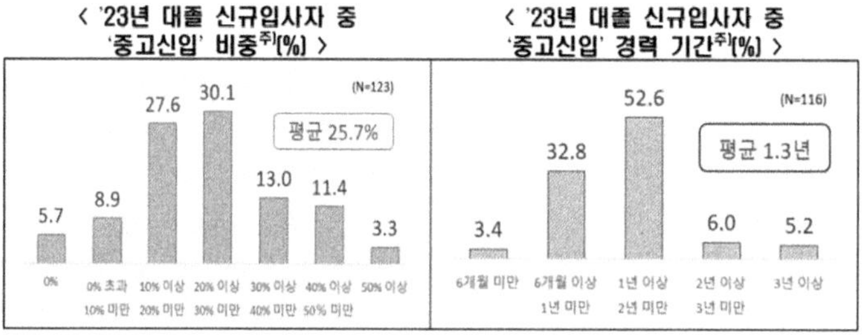

※ 중고신입 비중 평균 산출방식 = Σ(각 범주 중위값 × 각 범주 응답 수)/전체 응답 수
(단, '50% 이상'은 개별 응답 값)

- 직무관련 업무 경험(23.5%)
- 지원 기업과 직무에 대한 이해도(20.8%)
- 전공과 직무 간 연관성(19.3%)

이는 실질 업무에 적응 속도가 빠르고 기업이 원하는 직무를 원활하게 수행할 수 있는 능력을 갖춘 인재가 더욱 경쟁력을 갖게 됨을 알 수 있다.

☞ **직무 경험과 직무 이해도, 다양한 직무를 연결하는 역량이 중요합니다!** ☜

나) 수시채용 확대

최근 기업들의 인재 채용 방식을 기존의 정기 공채 방식에서 수시 채용 방식으로 바꾸는 경향을 보이고 있다. 기업들이 계획하고 있는 전체 채용 인원 중 53.2%가 수시 채용을 통해 신입직원을 선발할 계획이고 공개채용 비율인 46.8%보다 6.4%가 높은 수준이다. 이러한 변화는 기업이 필요할 때 적합한 인재를 즉시 선발하고 채용할 수 있도록 하여, 인재 운용의 유연성을 높이는 데 기여하고 있다. 또한 지원자는 특정 기간에만 채용 기회가 생기는 것이 아니라 연중 언제든지 다양한 취업 기회를 얻을 수 있는 장점이 있다.

[그림1-3] 상반기 수시채용 활용 여부 및 수시채용인원 비중

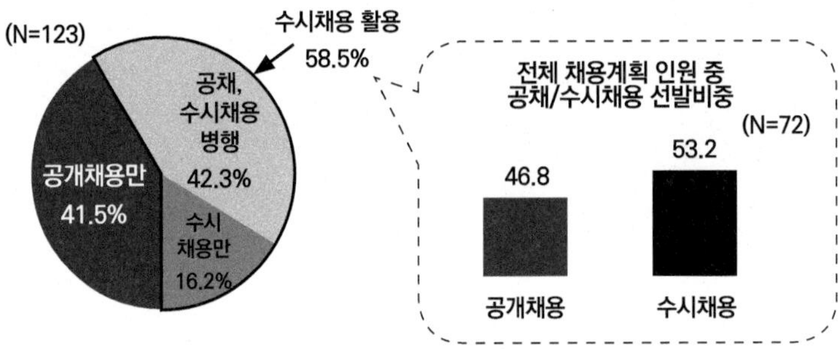

☞ **결과적으로, 수시채용은 기업과 구직자 모두에게 유리한 방식으로 자리를 잡아 앞으로 더 확산할 것으로 전망됩니다! 연중 취업 정보에 귀를 기울일 필요가 커졌습니다!** ☜

다) 인공지능 기반 채용 확대

최근 기업들은 능력 있는 인력을 효율적으로 선별하기 위하여 인공지능 기술을 활용한 채용 시스템을 적극 활용하고 있다. 인공지능 기반 채용 방식은 기존의 방식에 비해서 시간과 비용을 절감시키고 정확성과 공정성을 높이는 데 효과적이다. 특히 비대면 채용 과정이 늘어나면서 인공지능 기술이 더욱 활용될 전망이다. 인공지능은 빅데이터에 기반한 고도화된 분석 기술을 이용하여 지원자의 직무 적합성을 심층적으로 평가할 수 있게 되었다. 구직자는 자신의 역량을 공정하게 평가받을 수 있는 기회가 되어 구직자에게도 이러한 변화는 유리하게 작용할 것이다.

[그림1-4] 상반기 신규채용 인공지능(AI)활용 여부

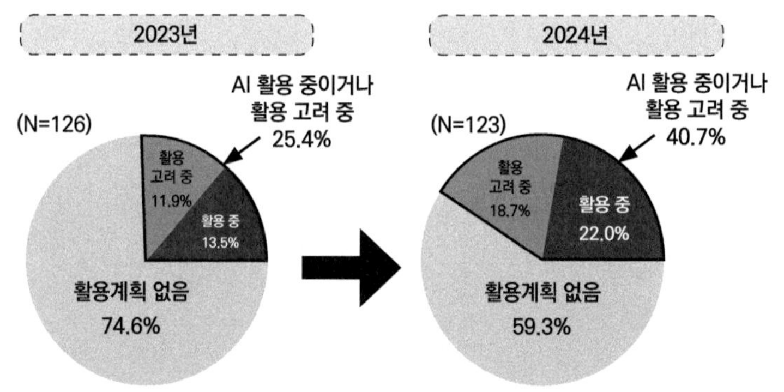

☞ **결과적으로, 인공지능 기반 채용은 새로운 트렌드로서 기업 인재 관리에 혁신을 가져올 것입니다. 인공지능 기반의 면접을 미리 접하고 훈련할 필요가 커질 것입니다!** ☜

제 2 장

NCS국가직무능력표준과 능력중심의 채용시장

1. 국가직무능력표준의 개요와 분류체계
2. NCS의 기본개념
3. 직업기초능력의 개념
4. NCS 기반 능력중심채용의 목적과 의미
5. NCS 맞춤 취업준비

1 국가직무능력표준의 개요와 분류체계

국가직무능력표준(NCS: National Competency Standards)은 경제 및 산업 현장에서 특정 업무, 직무를 효율적으로 수행하는 데 필요한 여러 지식과 기술, 태도, 소양을 국가가 체계적으로 정리하고 표준화한 기준체계로서 산업에 따라 수준별로 정리되어 있다(자격기본법 제2조 2호). NCS는 경제 및 산업 전반의 실제 현장 직무를 효과적이고 성공적으로 수행하는 데 필요한 역량을 세밀하게 반영하여 산업계와 교육계 사이의 격차를 해소하는 데 큰 역할을 하고 있다.

과거의 직업훈련과 자격제도는 실제 경제 및 산업 현장에서 필요한 직무 능력과의 차이로 기업이 인재를 영입할 때 인재의 역량에 대해 분석하고 부족한 부분을 교육하는 시간과 비용이 재투입되는 문제가 컸다. 이러한 문제를 해결하고자 국가가 직접 나서서 산업 현장에서 바로 활용할 수 있는 직무, 실무 능력을 객관적으로 평가하고 사용할 수 있는 기준을 마련한 것이다. NCS를 통해서 기업은 인재 채용과 이에 따른 재교육, 재훈련에서 시간과 비용을 절감할 수 있게 되었고, 개인은 자신의 역량과 능력을 더욱 합리적으로 설계하고 갖추어 기업에서 올바르게 평가받을 수 있게 되었다.

NCS는 단순히 이론과 지식 전달에만 중심을 둔 것이 아니라 경제 및 산업 실제 현장에서 필요한 직무 수행과 이에 따른 기술, 태도, 역량을 종합적으로 제시하는 체계이다. 이를 통해서 교육과 현장, 실무, 자격 사이에 유기적인 관계를 만들고 지원함에 따라 인재 개발의 중심과 토대를 마련하였다. 또한 NCS 기반의 교육과정을 개발, 표준화하여 직업교육기관, 직업계 고등학교, 마이스터고등학교, 전문대학 및 대학에서 기존의 이론과 교과서에 치우쳐져 발생한 현장 미스매치를 해결하는 실무 중심의 모듈 교육을 개발하고 제공하여, 경제 및 산업 현장이 요구하는 능력을 강화하였다. 이와 같이 국가직무능력표준은 경제 및 산업 현장이 실제로 요구하는 실무 능력과 역량을 함양할 수 있도록 능력 중심의 사회를 실현하는 전략적 도구로 자리 잡아 가고 있다. 기업의 인재 채용 분석과 재교육에 대한 비용을 절감시키고 개인은 자기 능력을 체계적으로 개발하게 되었으며, 국가적으로는 현장 실무 능력 강화체계로 생산성 향상 및 국가 경쟁력 강화에 중요한 역할을 수행하게 되었다.

대한상공회의소가 조사한 '대졸 신입사원의 업무역량에 관한 기업 의견' 조사 결과에 따르면 대졸 신입사원들의 평균 업무역량 점수가 67.3점으로 나타나 기업들의 기대에 미치지 못한 것으로 나타났다. 이는 취업을 준비하는 대학생들이 재학시절에 준비하는 외국어 능력, 컴퓨터 활용능력과 같은 스펙형 능력에 집중하고 있음을 의미하는 것이며, 반면 기업이 요구하는 현장 실무 능력과 역량 함양에 대해서는 상대적으로 소홀한 것으로 파악된다. 이와 같은 현상은 대학생들이 자격증 취득이나 관련된 시험과 같이 당장 눈에 보이는 성과를 중시하는 사회적 분위기에 맞추어 새 능력 개발에 초점을 두고 있음을 나타내는 것이다. 이에 대졸 신입사원이 되었을 경우 현장에서 직면하는 다양한 업무와 직무에 관련된 과제를 해결하는 데 여러 가지 어려움에 직면하게 됨을 뜻한다. 기업은 이러한 능력의 격차로 인해 추가적인 교육과 훈련에 시간과 비용을 소모해야 하는 문제를 가지게 되며, 이는 기업이 인재를 새롭게 육성해야 하는 부담과 함께 생산성 저하라는 어려움에 직면하게 된다. 따라서 인재를 발굴하는 데 있어서 단순히 사회적 분위기에 의해서 만들어진 스펙이 아닌 실제 현장 직무 수행 능력을 중시하는 새로운 평가 기준이 마련되어야 함을 의미한다.

특히 △창의성 · 문제해결 능력(65.8) △전문지식 · 기술의 실무적용 능력(64.6) △비즈니스 · 산업 전반 이해도(63.4)와 같은 능력은 전체 평균보다 낮은 수준을 보였다. 기업들은 이러한 현실에서 인재를 새롭게 채용해야 하고 채용된 신입 직원에게 새로운 직무 과정을 시간과 비용을 들여 재교육을 시행해야 하는 어려움에 직면해 있다.

대한상공회의소의 조사에 따르면 신입직원 재교육에 소요되는 시간은 평균 38.9일이 걸렸고 1인당 217만원의 교육비를 지출하였다. 이러한 문제는 대기업에서 더 크게 발생하고 있는데, 신입사원을 교육하는 데 56.1일, 비용은 406만원으로 전체 평균보다 훨씬 높았다. 이와 같이 새로 영입한 인재의 부족한 직무 역량은 기업의 인재 관리에 큰 부담을 만들며 장기적으로는 기업의 생산성과 경쟁력에도 좋지 못한 영향을 미치므로 기업과 구직자 모두에게 현장 실무 능력을 기르는 현실적인 대책이 절실한 실정이다.

구직자들이 준비한 일부 교육 및 훈련 과정이나 외국어 시험, 자격증과 같은 것들이 개인의 직무 능력 향상에 필수적인 것이 아니라 단순한 스펙 쌓기로 인식되는 경우도 많다. 한국노동연구원 조사에 따르면 신규 입사자의 학교 교육과 기업 직무 사이의 미스매치 비율은 2011년 기준, △4년제 대학 14.0%, △전문대학 26.0%, △전문계 고등학교 15.3%로 나타나 학교 교육이 경제 및 산업 현장에서 요구하는 직무 능력을 잘 반영하지 못한다는 것을 보여주고 있다. 또한 한국기술교육대학교의 국가기술자격 효용성 조사(2009~2011년)에 의하면, 조사 대상 374개 자격증 중에 효용성이 낮은 것이 55종목, 보통 수준인 것이 76종목이었다. 이것은 많은 수의 자격증이 실질적인 취업이나 현장 직무 수행에 직접적으로 활용되지 않을 수 있다는 것을 뜻한다.

이러한 문제를 해결하기 위해서 국가직무능력표준(NCS) 개발이

본격적으로 추진되었다. 즉, 경제 및 산업 현장의 실제 직무 수요를 반영한 교육 및 훈련 과정과 자격제도 개편이 추진된 것이다. 이에 NCS 개발이 지속적으로 이루어져 왔다. 하지만 현장의 관심 부족과 활용도 부족으로 교육과 훈련, 자격제도와 경제 및 산업 현장 일치도가 다소 미흡하다는 비판도 함께 존재하고 있다(교육부, 고용노동부 2013; 한국노동연구원, 2014).

그럼에도 불구하고 정부는 '능력 중심의 사회 구현'을 주요 국정과제로 삼아, NCS에 기반한 교육과 훈련, 자격제도를 체계적으로 연구하고 추진할 수 있도록 관련 정책을 지속적으로 운영하여 단계적으로 고도화시키고 있다. 꾸준한 정책 수행을 통해서 실제 현장, 기업이 요구하는 실질적인 직무 역량을 함양할 수 있는 교육과 훈련 제도를 정착시키고 불필요한 스펙 경쟁을 지양하고 기업과 구직자 모두가 실질적이고 실용적으로 직무 능력을 활용할 수 있도록 노력하고 있다.

2 NCS의 기본 개념

국가직무능력표준(NCS: National Competency Standards)은 경제 및 산업 실질 현장에서 직무를 수행하는 데 필요한 지식과 기술, 태도 등의 내용을 국가가 체계적으로 정리한 표준 양식이다. 이것은 현장에서 직무를 수행하는 데 필요한 실제 능력, 역량을 체계적으로 정의하여 인재 양성에서 현장 직무 수행에 이르는 모든 단계에서 표준을 제공하는 역할을 하고 있다(http://ncs.go.kr). '표준'이라는 의미는 한 사람의 근로자가 해당 직업에서 소관 직무를 성공적으로 수행하기 위하여 요구되는 실질적인 수행 능력을 포괄적으로 정의하는 것을 말한다. 이에 해당하는 주요 하위개념은 다음과 같다.

- 작업 능력: 특정 업무를 수행하는 데 요구되는 핵심 능력
- 직업관리 능력: 다양한 업무를 계획하고 조직화하는 능력
- 직무 능력: 특정 직무에서 필요한 전문적인 수행 능력
- 능력: 직업 기초능력 + 직무 수행 능력
  - 직업 기초능력: 모든 직업인이 갖추어야 할 기본적인 공통적 능력, 역량
  - 직무 수행 능력: 해당 직무를 수행하는 데 필요한 전문적인 지식과 기술, 태도

NCS는 산업 현장의 직무 수요를 체계적으로 분석하여 제시함으로써, 교육과 훈련 과정, 자격제도에 이르는 일련의 과정을 체계적이고 표준화하는 것으로, 즉 인적자원 개발의 핵심 토대로 기능할 수 있도록 한다. 국가직무능력표준은 교육훈련기관의 교육훈련과정 설계와 운영, 직업능력개발훈련 기준 설정과 교재 개발 등에 활용, 산업 수요형 맞춤형 인력양성 과정 개발에 기여하고 있다.

결과적으로 NCS는 경제 및 산업 전반에 걸쳐 기업의 현장이 요구하는 실질적인 직무 역량을 체계적으로 정립하고 교육, 훈련시켜 자격을 취득시키는 데 도움을 주고 있으며 이를 통해서 국가차원의 직무 역량 향상과 인재 양성, 실질적인 인재의 기업 공급에 기여하고 있다.

[그림 2-1] 국가직무능력표준(NCS) 개념도

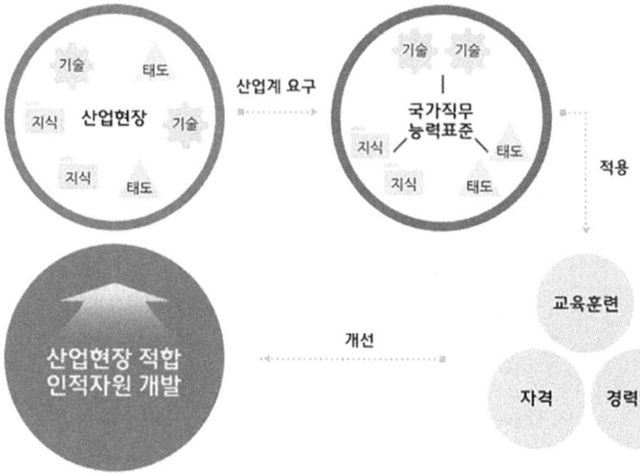

출처: 한국산업인력공단

[그림 2-2] 국가직무능력표준 활용 범위

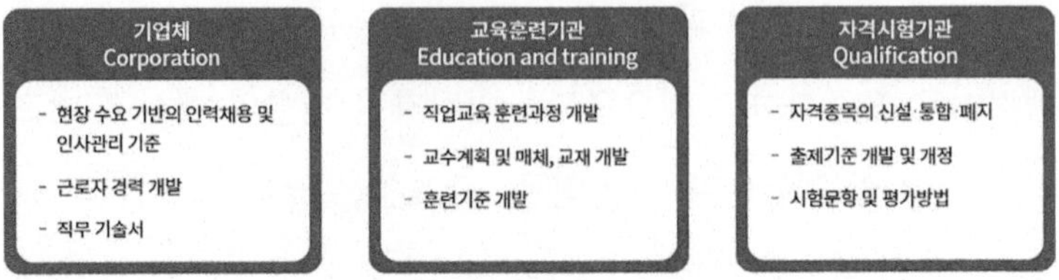

3 직업기초능력의 개념

NCS 능력 단위의 요소에는 능력 단위 요소와 적용 범위, 작업 상황, 평가 지침, 직업 기초능력이 포함된다.

이 중에 직업 기초능력은 직무를 수행하는 데 필요한 기술 이외에도 업무를 원활하게 수행하는 데 필요한 기본 역량을 뜻한다. 이것은 다양한 직무와 경제, 산업에서 공통으로 필요한 기초적인 능력으로 업무 수행을 효율적으로 완수하고 조직에서 소통과 협업을 하는 데 중요한 역할을 수행한다.

직업 기초능력은 모두 10가지 핵심 역량이 포함되어 있다. 이 역량은 의사소통 능력과 수리 능력, 문제해결 능력, 자기개발 능력, 자원관리 능력, 대인관계 능력, 정보 활용 능력, 기술 활용 능력, 조직 이해 능력, 직업윤리로 구성되어 있다. 개개의 능력들은 업무를 수행할 때, 질적인 향상을 가져오는 능력들로서 일을 수행할 때 필수적으로 작용한다.

예를 들면, 의사소통 능력은 일을 수행하는 동안 만나는 동료와 고객 그리고 다양한 이해관계자들과 효율적으로 소통하는 데 필요한 능력이고, 문제해결 능력은 갑자기 발생된 문제를 신속하게 해결하는 데 필요한 능력이다. 그리고 자기개발 능력은 자기주스스로 지속적인 역량을 강화하는 능력이며, 대인관계 능력은 동료 및 이해관계자 간의 소통과 협업을 촉진하는 능력이다.

이처럼 직업 기초능력은 어떤 특정 직무에 국한된 것이 아니라 모든 경제 및 산업 직군 직무 수행에 공통적으로 요구되는 역량이라 할 수 있다. 직업 기초능력은 개인의 직무 수행력을 높일 뿐만 아니라 개인의 직무 역량 향상과 성장에 중요하게 작용한다.

직업 기초능력은 특정 업무와 직무에만 필요한 것이 아니며, 모든 경제 및 산업 직군에서 공통적으로 필요한 역량이다. 개인이 업무 효율을 높이고 직무 수행 능력을 향상시키기 위해서 직업기초능력을 성장시키면 자신의 직업적 성장을 도와줄 것이다. 다음은 직업 기초능력의 개념을 체계적으로 정리한 그림으로 개념을 정리하는 데 도움이 될 것이다.

[그림2-3] 직업 기초능력 개념

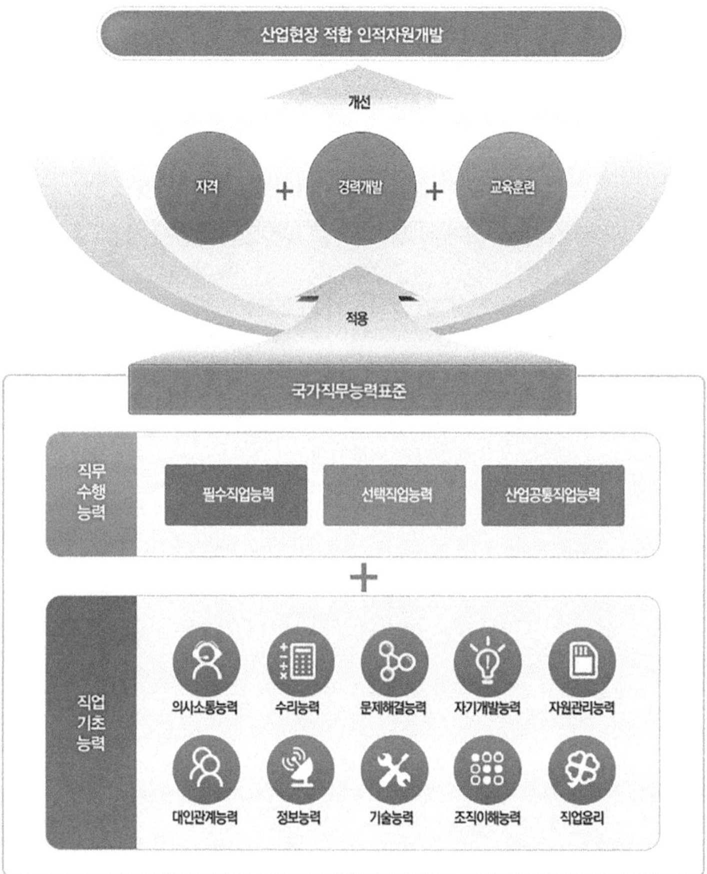

출처: 한국산업인력공단

[표2-1]은 10가지의 직업 기초능력에 관한 설명이다. 해당 직업들과 관련성이 높은 5개 이상의 직업 기초능력을 선정하였으며 주요 영역 및 하위영역을 설명하였다. 직업 기초능력에는 의사소

통 능력, 수리 능력, 문제해결 능력, 자기개발 능력, 자원관리 능력, 대인관계 능력, 정보 능력, 기술 능력, 조직 이해 능력, 직업윤리로 구성되어 있고 해당 능력의 정의와 세부 영역을 아래에서 정리하였다. 직업 기초능력의 10가지 영역별 학습 자료는 NCS 홈페이지에서 참고할 수 있으며, 기업에서 서류전형(자기소개서) 및 면접에서 자주 출제되는 부분을 중심으로 알아보기로 한다.

[표 2-1] 직업 기초능력 하위 단위 능력

직업기초능력영역 하위영역	정의
1. 의사소통 능력	업무를 수행함에 있어 글과 말을 읽고 들음으로써 다른 사람이 뜻한 바를 파악하고 자기가 뜻한 바를 통해 정확하게 쓰거나 말하는 능력
문서이해 능력	업무를 수행함에 있어 다른 사람이 작성한 글을 읽고 그 내용을 이해하는 능력
문서작성 능력	업무를 수행함에 있어 자기가 뜻한 바를 글로 나타내는 능력
경청 능력	업무를 수행함에 있어 다른 사람의 말을 듣고 그 내용을 이해하는 능력
의사표현능력	업무를 수행함에 있어 자기가 뜻한 바를 말로 나타내는 능력
기초외국어능력	업무를 수행함에 있어 외국어로 의사소통할 수 있는 능력
2. 수리 능력	업무를 수행함에 있어 기초적인 사칙연산, 통계, 확률의 의미를 정확하게 이해하고 이를 업무에 적용하는 능력
기초 연산능력	업무를 수행함에 있어 기초적인 사칙연산과 계산을 하는 능력
기초 통계능력	업무를 수행함에 있어 필ㅇ한 기초 수준의 백분율, 평균, 확률과 같은 통계능력

직업기초능력영역 하위영역	정의
도표 분석능력	업무를 수행함에 있어도 표(그림, 표, 그래프 등)가 갖는 의미를 해석하는 능력
도표 작성능력	업무를 수행함에 있어 필요한 도표(그림, 표, 그래프 등)를 작성하는 능력
3. 문제해결 능력	업무를 수행함에 있어 문제 상황이 발생하였을 경우 창조적이고 논리적인 사고를 통하여 이를 올바르게 인식하고 적절히 해결하는 능력
사고력	업무와 관련된 문제를 인식하고 해결함에 있어 창조적, 논리적, 비판적으로 생각하는 능력
문제처리능력	업무와 관련된 문제의 특성을 파악하고, 대안을 제시, 적용하고 그 결과를 평가하여 피드백하는 능력
4. 자기개발능력	업무를 추진하는데 스스로를 관리하고 개발하는 능력
자아인식 능력	자신의 흥미, 적성, 특성 등을 이해하고 이를 바탕으로 자신에게 필요한 것을 이해하는 능력
자기관리 능력	업무에 필요한 자질을 지닐 수 있도록 스스로를 관리하는 능력
경력개발능력	끊임없는 자기개발을 위해서 동기를 갖고 학습하는 능력
5. 자원관리 능력	업무를 수행하는데 시간, 자본, 재료 및 시설, 인적자원 등의 자원 가운데 무엇이 얼마나 필요한지를 확인하고 이용 가능한 자원을 최대한 수집하여 실제업무에 어떻게 활용할 것인지를 계획하고 계획대로 업무수행에 이를 할당하는 능력
시간자원관리능력	업무수행에 필요한 시간자원이 얼마나 필요한 지를 확인하고, 이용 가능한 시간자원을 최대한 수집하여 실제 업무에 어떻게 활용할 것인지를 계획하고 할당하는 능력
예산자원관리능력	업무수행에 필요한 자본자원이 얼마나 필요한지를 확인하고, 이용 가능한 자본자원을 최대한 수집하여 실제 업무에 어떻게 활용할 것인지를 계획하고 할당하는 능력

직업기초능력영역 하위영역	정의
물적자원관리능력	업무수행에 필요한 재료 및 시설자원이 얼마나 필요한지를 확인하고, 이용 가능한 재료 및 시설자원을 최대한 수집하여 실제 업무에 어떻게 활용할 것인지 계획하고 할당하는 능력
인적자원관리능력	업무수행에 필요한 인적자원이 얼마나 필요한지를 확인하고, 이용 가능한 인적자원을 최대한 수집하여 실제 업무에 어떻게 활용할 것인지를 계획하고 할당하는 능력
6. 대인관계능력	업무를 수행함에 있어 접촉하게 되는 사람들과 문제를 일으키지 않고 원만하게 지내는 능력
팀워크능력	다양한 배경을 가진 사람들과 함께 업무를 수행하는 능력
리더십능력	업무를 수행함에 있어 다른 사람을 이끄는 능력
갈등관리능력	업무를 수행함에 있어 사람들 사이에 갈등이 발생하였을 경우 이를 원만히 조절하는 능력
협상능력	업무를 수행함에 있어 다른 사람과 협상하는 능력
고객서비스능력	고객의 요구를 만족시키는 자세로 업무를 수행하는 능력
7.정보능력	업무와 관련된 정보를 수집하고, 이를 분석하여 의미 있는 정보를 찾아내며 의미 있는 정보를 업무 수행에 적절하도록 조직하고 조직된 정보를 관리하며 업무 수행에 이러한 정보를 활용하고 이러한 제 과정에 컴퓨터를 사용하는 능력
컴퓨터활용능력	업무와 관련돼 정보를 수집, 분석, 조직, 관리, 활용하는데 있어 컴퓨터를 사용하는 능력
정보처리능력	업무와 관련된 정보를 수집하고 이를 분석하여 의미 있는 정보를 찾아내며 의미 있는 정보를 업무수행에 적절하도록 조직하고 조직된 정보를 관리하며 업무 수행에 이러한 정보를 활용하는 능력
8. 기술능력	업무를 수행함에 있어 도구, 장치 등을 포함하여 필요한 기술에는 어떠한 것들이 있는지 이해하고 실제로 업무를 수행함에 있어 적절한 기술을 선택하여 적용하는 능력

직업기초능력영역 하위영역	정의
기술이해능력	업무 수행에 필요한 기술적 원리를 올바르게 이해하는 능력
기술선택능력	도구, 장치를 포함하여 업무 수행에 필요한 기술을 선택하는 능력
기술적용능력	업무 수행에 필요한 기술을 업무 수행에 실제로 적용하는 능력
9. 조직이해능력	업무를 원활하게 수행하기 위해 국제적인 추세를 포함하여 조직의 체제와 경영에 대해 이해하는 능력
국제 감각	주어진 업무에 관한 국제적인 추세를 이해하는 능력
조직체제이해능력	업무수행과 관련하여 조직의 체제를 올바르게 이해하는 능력
경영이해능력	사업이나 조직의 경영에 대해 이해하는 능력
업무이해능력	조직의 업무를 이해하는 능력
10. 직업윤리	업무를 수행함에 있어 원만한 직업생활을 위해 필요한 태도, 매너, 올바른 직업관
근로윤리	업무에 대한 존중을 바탕으로 근면하고 성실하고 정직하게 업무에 임하는 자세
공동체윤리	인간존중을 바탕으로 봉사하며 책임 있고, 규칙을 준수하며 예의바른 태도로 업무에 임하는 자세

※ 출처: NCS능력중심채용 홈페이지(http:ncs.go.kr)

4 NCS 기반 능력중심 채용의 목적과 의미

NCS 기반의 역량 중심 채용은 신입사원 채용뿐만 아니라 학교와 직업훈련 교육과정의 체계와 직장 내 직무 역량 교육과 훈련, 자격과 직무 평가에 이르기까지 범국가적 차원에서 이루어지는 변화를 모두 포함하고 있다. 이는 기존의 학력 중심 및 스펙 중심의 자기 계발과 채용 방식을 벗어나 현장 및 실무 중심의 실무 중심의 채용 문화를 정착시키는 데 중요한 역할을 하였다.

능력 중심의 채용 문화가 왜 중요한가? 기업에 채용되기를 희망하는 구직자는 기업이 요구하는 직무 역량과 능력 수준을 정확히 파악하지 못하여 그저 학교 교육과 스펙 쌓는 데 급급하였다. 이러한 환경에서 구직자들은 학위, 어학 점수, 자격증, 영어에만 몰입하였고 정작 기업과 현장에서 필요한 역량을 충분히 준비하지 못하였다. 그러다 보니 개인은 기업이 원하는 것이 무엇인지도 모르고 실질적인 역량을 쌓지도 못한 채, 스스로 학력 부족, 어학 점수 부족, 스펙 부족이라며 한계에 부딪혀 극복하지 못하고 직무에 적응하지 못하고 실패하거나 진로에 대한 불신만 가지게 되었다. 기업 입장에서도 우수한 신입사원을 확보했음에도 불구하고 신입사원이 기업 직무에 적응하는 것을 효율적으로 도와주지 못하므로 신입 사원이 결국 퇴사하여 새로 또 직원을 선발해야하는 손해를 되풀이하게 되는 것이다.

이러한 현실은 구직자와 기업에게 모두 이로울 것이 없고, 나아가서 사회에도 부정적 영향이 발생된다. 즉, 개인과 기업에 손해를 끼치는 이러한 문제는 단순히 개인 진로와 고민의 문제를 넘어서 기업과 사회 전반에 걸쳐 부정적인 영향을 미친다. 기업은 새롭게 채용한 신입사원이 직무에 적응하지 못해 새로운 직무 교육과 훈련에 막대한 비용과 시간을 낭비해야한다. 이런 노력에도 불구하고 신입 사원이 적응하지 못해 퇴사하면서 기업은 시간과 비용적 측면에서 큰 손실을 떠안아야 한다. 개인은 피땀 흘려 노력하여 자격증을 취득하고 스펙을 쌓았음에도 불구하고 기업에서 현장 직무에 적응하지 못해 스스로 적응하지 못했다고 자책하며 자신감 부족, 실패감에 또 다시 어학 점수 높이기 자격증 더 취득하기 스펙 쌓기라는 악순환 고리에 빠져버리게 되면서, 평생 진로 불안에 시달리게 될 수 있다.

따라서 NCS 기반의 직무 능력 중심의 교육, 훈련, 채용은 실질적인 역량 중심으로 직원을 채용하게 함으로서 개인도 이에 따라 효율적인 직무 중심 역량 개발에 집중하므로서 서로 윈윈할 수 있게 된다. 이를 통해서 기업은 실무에 곧바로 투입될 수 있는 우수한 인재를 확보할 수 있게 되고, 개인은 불필요한 낭비 없이 필요한 직무 역량만 개발할 수 있게 된다. 결과적으로 우리 사회의 불필요한 낭비를 없애고 기업과 개인 모두 지속 가능한 성장을 담보할 수 있게 된다.

이제까지 취업 준비는 스펙 중심의 자기 개발을 강조하여 실무 능력과 무관한 경험을 강조해 왔다. 또한 자기 소개서와 면접 준비에서도 정형화된 방식의 준비를 강요해왔었고 자기 자신의 능력과 역량 중심으로 구체적인 경험과 사례를 중심으로 자신의 이야기를 하지 못하였다. 하지만 이제 부터는 NCS 기반의 실무 기반 직무 능력을 함양하고 자신이 가진 역량 중심으로 기업에서 무엇을 실질적으로 할 수 있는가를 중심으로 채용을 준비한다면 성공적인 취업이 가능할 뿐만 아니라 미래 지속가능한 직업 생활을 이어갈 수 있을 것이다.

국가 주도로 시작된 이러한 노력으로 채용시장에는 큰 변화가 일어나고 있고, 취업 준비생들에게는 구체적인 역량 중심의 공고가 이루어지면서 불필요한 스펙보다 실질적인 능력만 준비하면 되므로, 채용시장은 매우 유연해 졌다고 할 수 있다. 이것은 구직자와 기업에게 매우 유리한 환경으로 다음과 같은 장점이 있음을 기억하자.

내가 하고자 하는 일이 막연하지 않다: 내가 지원하고자 하는 일이 어떤 것인지 구체적으로 설명되기 때문이다.

나의 강점과 보완해야 할 점을 쉽게 알 수 있다: 채용공고문에 그 직무에 필요한 지식과 기술이 표기되고 또한 필요한 자격증도 명시되기 때문에 내가 잘할 수 있는 것을 쉽게 찾아낼 수 있으며 나의 부족한 점과 보완해야 할 사항들을 잘 파악할 수 있다.

서류전형에서 요구하는 것이 구체적이다: 이력서(입사지원서)나 자기소개서에서 요구하는 내용들이 구체적이어서 대응하기가 쉽다.

[NCS기반 능력중심 채용 대처법]

지금까지 살펴 본 내용만으로 NCS를 모두 이해하는 것은 어려울 수 있다. 그리고 사회를 진출하는 새내기 구직자들이 무조건 NCS를 이해해야 하는 것도 아니다. 우리는 휴대전화의 작동 원리와 개념만 알아도 휴대폰의 다양한 기능을 활용할 수 있다. 플레이 스토어나 앱 스토어에서 우리가 필요로 하는 앱을 찾아 설치하고 그 앱을 목적에 맞게 배치하여 자기만의 맞춤형 업무 도구로 활용할 수 있다는 것을 우리는 알고 있다. 그렇듯이 새로운 시대의 경제와 산업 현장에 진출하는 새내기들도 NCS를 모두 이해하는 것이 아닌 NCS에서 꼭 필요한 부분들만 찾아서 익히고 그것을 자기 맞춤형으로 설계한다면 마치 휴대전화를 자유롭게 활용할 수 있듯이 NCS도 그렇게 활용할 수 있다. 아래에 NCS의 주요 기능과 차이점 그리고 활용할 것들에 대해서 간단히 설명하였다.

1) NCS, 무엇이 다른가?

가) 과거

과거에는 기업 채용에서 기업이 요구하는 직무나 현장에서 필요한 역량이 무엇인지 정확하게 명시하지 않았다. 기업의 특정 직무에 어떤 사람이 필요하고 그 사람이 업무와 직무를 수행하는 데 있어서 어떤 능력과 역량이 필요한지 정확하게 알려주지 않았다. 즉, 우리 회사에 필요한 인재가 어떤 유형인지에 대한 구체적이고 세분화된 사항을 제시하지 않았다. 일단, 학력이나 스펙이 좋거나 면접, 합숙 훈련 등에서 회사가 마음에 드는 사람을 선발하는 방식이 많았다. 그러다보니 구직자들은 기업마다 서로 다른 모호한 기준을 맞추기 어려웠고 보다 더 학력이나 스펙에 열중하는 부작용이 심각하였다. 기업이 신입직원 선발 공고를 내더라도 어떤 기준에서 어떤 선발 방식으로 어떤 직무 역량이 필요한지 제시하지 않는 등 선발 방식이 추상적이거나 불투명한 경우가 많았고, 필요한 서류, 전형, 시험, 면접 등 지원하는 데 필요한 준비 사항들이 제각각 달라 혼란이 컸다. 구직자가 어떤 기업에 맞추어 취업을 준비하다가 선발되지 못하면 또 다른 기업의 새로운 기준에 맞추어 새로운 준비를 해야 하는 등 혼란과 불편이 극심하였다.

나) 현재

NCS 기반의 채용 방법은 기업이 원하는 인재가 무엇인지 명확히 기술하도록 유도하고 있다. 즉, 기업이 정확하게 무엇을 원하는지 알려줘서 구직자들이 불필요한 학력, 스펙 경쟁에서 벗어나 실제 현장 업무에 필요한 직무 역량 준비에 집중할 수 있도록 하는 것이다. 또한 NCS 기반 채용 방법은 평가도 직무 중심으로 실시하므로 지원자가 해당 직무에 필요한 역량을 갖추었는지 확인하면 되므로 객관적이고 체계성이 높아졌다. 따라서 구직자들은 기업의 채용공고에서 제시하고 있는 직무들을 사전에 확인하고 필요한 역량을 학습하고 개발하여 준비하면 좋은 결과를 얻을 수 있다. 또한 동일한 직무 역량을 필요로 하는 다른 기업에도 충분히 응시할 수 있는 기회를 만들 수 있게 된다. 채용 후에도 실무에서 활용하는 역량이 사전에 익혀져 있어 입사 후 적응력이 높고 업무 수행력도 높아지므로 구직자, 기업 모두 윈윈 할 수 있다. NCS로 기업이 필요로 하는 직무 역량이 분명하게 제시되었으므로 직무 수행이 어떠한 것인지 구체적으로 파악할 수 있게 되었다. 구직자들은 NCS 표준을 기반으로 직무 역량을 개발을 체계적으로 준비하는 것이 필요하다. 이에 기업이 어떠한 채용 공고를 내는지 꼼꼼히 읽어보고 준비한다면 좋은 결과를 얻을 수 있게 된다. [표2-2]는 기존의 채용 공고와 현재의 채용 공고를 비교한 것이다. 어떤가? 자신감을 가질 수 있지 않겠는가.

[표2-2] 기존채용공고와 NCS능력중심채용공고

	기존채용	NCS능력중심채용
채용공고	· 행정직 OO명, 기술직 OO명	· 채용분야별 필요한 직무명세 (NCS기반) · 채용전형 등 사전공개 (모집직무별 '직무설명자료' 첨부)

서류전형	· 직무와 무관한 인적사항(가족사항, 학력, 본적, 취미, 특기 등) · 직무와 무관한 스펙(해외봉사, 토익 등) · 자전적 자기소개서	· 직무와 무관한 인적사항최소화 · 직무관련스펙(직무관련교육, 자격, 경험 및 경력 등) · 직무관련 경험중심 자기소개서
필기전형	· 인성, 적성평가 · 단순지식 측정 필기시험 등	· 직무능력 측정 중심의 필기평가 (직무관련 상황 및 문항설정)
면접전형	· 비구조화면접(취미, 성장배경 등 직무 무관한 일상적 질문)	· 직무능력평가 중심의 구조화된 면접 (직무관련 질문 및 유형으로 구성)

출처: NCS능력중심채용홈페이지(http://ncs.go.kr)

2) 지금까지 준비는 고사하고 새롭게 준비해야 하나?

최근 취업 시장의 경향은 스펙 중심보다는 자신이 원하는 직무와 직접 관련된 경험을 쌓는 것에 초점이 맞추어지고 있다. 즉, 취업하고자 하는 기업의 직무와 관련된 경험을 쌓는 것이 필요하다. 또한 자기소개서와 면접에서도 과거와 달리 매우 구체적인 사례를 중심으로 구직자가 경험한 것과 그것으로부터 배우고 느끼고 깨달은 점에 대해서 효과적으로 설명하고 이를 통해서 해당 직무에 자기가 무엇을 할 수 있고 어떤 문제를 해결할 수 있는가에 대한 역량을 강조하는 방법이 중요해졌다. 따라서 이러한 취업 시장의 새로운 흐름에 맞추어 직무에 따른 역량을 준비해온 취업 준비생이라면 자신의 직무와 관련된 경험을 구체적으로 체계적으로 정리하고 이것을 논리적으로 표현하는 글쓰기 및 말하기를 준비하면 NCS 기반 채용에도 어렵지 않을 것이다.

3) 채용의 변화, 어떻게 준비해야 할지 혼란스럽다?

NCS라는 큰 변화가 있는 것은 분명한 사실이다. 하지만, 취업 준비생들이 그 동안 불명확하고 구체적이지 못한 직무 필요성으로 인해 학력, 스펙 쌓기에 소모한 비용과 시간을 생각하면 오히려 NCS가 더욱 구직자에게 도움이 되는 제도라는 것을 직시해야 한다. 예전과 달리 기업은 필요로 한 직무를 구체적으로 제시하고 있으므로 취업 준비생들 입장에선 매우 효율적으로 대처할 수 있게 된 것이다.

[NCS 기반의 공고는 다음과 같은 것들에서 장점이 있다]

- 기업에서 내가 하고자 하는 일이 막연하지 않다: 내가 지원하고자 하는 일이 어떤 것인지 채용 공고문에 구체적으로 설명되기 때문이다.
- 나의 강점과 보완해야 할 점을 쉽게 알 수 있다: 기업이 발표하는 채용 공고문에 그 직무에 필요한 지식과 기술이 명확하게 표기되고 또한 필요한 자격증도 명시되기 때문에 내가 잘할 수 있는 것을 쉽게 찾아낼 수 있으며, 나의 부족한 점과 보완해야 할 사항들을 보다 쉽게 파악할 수 있다.
- 서류전형에서 요구하는 것이 구체적이다: 이력서(입사지원서)나 자기소개서에서 요구하는 내용들이 구체적이어서 대응하기가 쉽다.

5 NCS 맞춤 취업 준비

NCS 기반 채용이라고 해서 기존 채용방법과 100% 달라지는 것은 아니다. 그러나 이제까지 학력, 스펙과 같은 불필요한 준비에 열을 올리기보다 지원하고자 하는 기업의 직무와 관련된 역량 개발하는 것이 중요하다. 이를 위해서는 기업이 요구하는 직무에서 필요한 지식, 기술, 태도, 소통과 같은 역량을 갖추고 있는지 스스로 점검하고 개발하는 노력이 필요하다. 현재 시점으로 내가 갖추지 못한 역량이 파악되면 어떻게 준비해서 익힐 것인지 점검하고 보완해 나가는 것이 필요하다.

NCS 기반 채용은 채용 공고에서 기업이 필요로 하는 직무가 무엇인지 구체적으로 명시한다는 것이 특징이다. 따라서 구직자는 기업 공고 내용을 면밀히 분석하여 내가 어떤 역량을 개발해야할 것인지 설계하고 그것을 갖출 수 있는 계획을 수립하고 실천해야한다. 이를 통해서 자신이 가지고 있는 역량을 정리, 파악하고 그 역량의 경험을 정의하고 세세하게 기록하고 말할 수 있도록 준비하고 갖추지 못한 부족한 역량을 분석하여 체계적으로 역량 함양을 달성시키도록 노력해야 한다. 즉, 나의 역량 준비 상황을 점검하고 우수한 점은 강화, 부족한 것은 보충하는 전략을 수립할 필요가 있다.

NCS 기반 입사 지원서는 자기소개서나 이력서에 지원자의 역량과 이와 관련된 경험을 구체적으로 적도록 하고 있다. 따라서 자신의 역량이 무엇인지 기술하고 이를 통해서 수행할 수 있는 직무를 설명하도록 해야 한다. 이와 더불어 관련 경험을 충분히 기술하여 면접자가 나의 능력을 볼 수 있도록 해야 한다. 또한 면접자는 직무와 관련된 역량에 대해서 집중적으로 물어보게 될 것이다. 무엇을 할 수 있는가? 어떻게 문제를 해결할 것인가? 경험 활용을 어떻게 할 것인가? 등 구체적인 질문에 대한 답을 준비해야 한다.

결과적으로 구직자는 자기 자신에 대한 충분한 이해를 하고 있어야 한다. 자신에 대해서 자세히 알고 자신을 글과 말로 충분히 표현할 수 있어야 한다. 그렇지 못하다면 NCS 기반 채용과정에서 손해를 보게 된다. 따라서 자산의 역량과 경험을 돌아보고 이것을 바탕으로 기업 직무에서 어떤 역할을 수행하고 문제를 해결해 나갈 것인지를 지속적으로 말고 글로 연습해야 한다. 또한 자기반성과 더불어 부족한 점을 정확하게 파악하고 보충하기 위한 과정을 어필한다면 훨씬 더 좋은 결과를 맞이하게 될 것이다. 이와 같은 노력을 기울여 왔던 구직자는 NCS 기반 채용에서 충분히 성공할 수 있다. 어떤 것을 고민하고 준비해야할 것인지는 다음에 기술하였다.

1) 나의 이해

NCS 채용을 위해서 가장 중요한 부분은 나에 대한 자세한 이해이다. 내가 무엇을 준비했고 어떤 역량을 가지고 있으며 그 역량으로 할 수 있는 것은 무엇인가, 직무에서 어떻게 활용할 수 있는가를 명확하게 알고 있어야 한다. 하지만 구직자들은 면접에서 대답을 잘 못하거나 얼버무리거나하는 경우가 많은데 이것은 면접자에게 대단히 좋지 못한 결과를 만들게 하는 것이다. 따라서 내가 무엇을 잘하는지 어떤 것을 할 수 있는지를 자신의 역량과 경험에 맞추어 자세히 설명할 수 있어야 한다. 더불어 나의 강점과 장점, 인성 및 소통에 대해서도 충분히 어필 할 수 있도록 해야 한다.

2) 내가 가고자 하는 진로 점검, 태도

진로는 항상 어렵고 힘든 것이다. 나의 진로가 무엇인지 알기란 쉽지 않고, 특정 진로로 나아가다가 돌아가야 하는 경우도 생긴다. 그만큼 진로란 어려운 것이다. 하지만 진로에 대한 고민은 언제나 쉽게 해결되지 않는다. 진로를 결정하지 못하고 번복하면서 직무 역량 함양을 게을리 하다가 이것도 저것도 하지 못하는 경우가 많기 때문이다. 따라서 취업을 앞두고 있을 때는 구체적인 희망 진로를 설정해야 한다. 꼭 하나일 필요는 없다. 하지만 그 진로에 맞는 직업이 무엇인지 어떠한 직무를 하는 것인지는 파악해 두어야 한다. 그래야 필요한 역량을 준비하고 갖추어 나갈 수 있기 때문이다. 설사 진로를 결정하지 못하였다더라도 현재 진로에서 최선의 노력으로 역량을 갖추도록 해야 하고 경험을 가질 수 있도록 해야 한다. 설사 진로가 바뀌더라도 그 노력의 태도가 남아 있기 때문이다.

3) 지원 분야 직무에 대한 이해

이미 설명을 했지만 NCS는 직무 및 역량 중심 체계를 가지고 있다. 직무란 곧 '하는 일'로서 수행하는 업무이다. 구직자가 하고자 하는 일이 무엇인지? 수행하게 되는 업무가 무엇인지 이를 위해서 어떤 능력, 어떤 역량, 어떤 경험이 필요한지 잘 알고 있어야 한다. 특히 NCS 기반의 채용 시스템은 직무에 적합한지를 가장 중점적으로 살펴본다. 따라서 직무 적합성 높이기 위한 노력과 준비가 필요하다.

4) 이제까지 내가 쌓아온 학습 과정과 경험 정리

내가 취업하고자 하는 기업과 그 직무에 필요한 학습(수업), 교육과정들을 이수하였는지 관련한 실습 경험을 가지고 있는지 동아리나 필요한 비교과 활동에서 관련 경험을 가졌는지를 잘 정리해야 한다. 여기서 중요한 것은 내가 수행한 모든 학습 경험들이 직무에 맞도록 잘 설정하고 수행해야 한다는 것이다. 만약 무관한 경험이더라도 버릴 필요는 없다. 창의성과 관련한 문제 해결 역량으로 개발 시켜 나간다면 오히려 도움이 될 수 있다.

5) 더 준비해야 할 리스트 작성

위에서 정리한 내용을 리스트로 목록화 해 보자. 이것을 바탕으로 내가 어떤 것들을 더 학습해야 하는지 파악해야 한다. 이러한 것이 학교에서 가능한지? 기타 기관이나 온라인에서 배워야 하는지를 알아보고 차근히 준비하고 경험을 쌓도록 설계해야 한다.

6) 종합하고 스토리 만들기

1)~5)까지 과정을 모두 종합하여 스토리를 만들어야 한다. 종합 스토리를 검토하여 내가 취업하고자 하는 기업 또는 직무 분야에 적합한지 전체적으로 점검해야한다. 내가 지원하고자 하는 분야와 직무 연관성이 어느 정도인지 파악하여야 한다. 이를 통해서 장점과 단점, 부족한 것들을 분석하여 강화해야할 것 채워야할 것 등으로 구분하여 정리하여야 한다.

최종적인 종합 스토리는 자기소개서와 면접에서 말하기를 대비하여 글쓰기 및 말하기 연습을 통해 숙달되도록 연습해 두자.

제 3 장

NCS직업기초능력

1. 의사소통능력
2. 문서이해능력
3. 문서작성능력
4. 경청
5. 의사표현능력
6. 문제해결능력
7. 인사노무관리
8. 노동법의이해

1 의사소통능력

직장인이 조직의 목표를 달성하고 업무 성과를 높이는 데 가장 중요한 역량은 의사소통능력이다. 이것은 단순히 개인의 역량을 넘어서서 기업이 추구하는 가치와 이윤, 시장 경쟁력을 강화하는 데 핵심적으로 작용하는 요소이다. 만약 기업에서 개인이나 부서간 원활한 소통을 하지 못하거나 소극적으로 대응하면 개인이나 부서의 의도를 제대로 전달하지 못해 업무 효율성이 떨어지게 된다. 특히 부서간 갈등이 발생하여 소통 단절이 발생하게 되면 큰 손실로 이어지게 된다.

OECD의 '데세코(DeSeCo) 프로젝트 보고서'에서 미래 사회에서 꼭 필요한 핵심 역량은 의사소통 능력이라고 강조하였다. 이는 기업이나 직업이나 직무와 관계없이 모든 개인이 성공적인 사회 및 직장생활을 위해 갖추어야 할 능력이다. 의사소통 능력은 직장, 조직 내 구성원들 사이에 감정, 태도, 믿음, 생각 등을 서로 나누는 과정에서 친밀감과 소속감을 형성하는 데 중요하게 작용하기 때문에 직장인에게 반드시 필요한 역량을 손꼽히고 있다.

대학에서는 산업현장에서 요구되는 인재를 양성하기 위해 노력하고 있다. 특히 팀워크, PBL, 롤플레이 등 다양한 교수 학습법들을 적용하면서 의사소통능력을 훈련하고 있으나 기업에서는 기대에 못미친다는 평가다. 이는 대학의 교육이 학생들의 소통, 화합, 상생, 협력과 같은 의사소통능력이 높지 않았음을 의미하며 교과서나 수업 중심의 운영 방식에 치중하고 있다고 평가되고 있다. 따라서 대학 교육이 산업 현장, 기업이 요구하는 의사소통능력을 기를 수 있는 효과적인 방법 마련의 필요성을 강조되어져야 한다.

국가직무능력표준(NCS)은 의사소통능력을 '기업에 입사한 인재가 직장에서 업무를 수행하는 데 있어서 문서와 말을 통해서 자기 의사를 정확하게 전달하고 상대방의 의도를 파악하고 협력하는 것'으로 설명하고 있다(〈표3-1〉참조). 이를 위해서 다섯 가지 하위능력을 구체화하여 제시하고 있다. 이러한 능력은 의사소통이 단순한 기능이나 기술적 능력을 넘어서서 직장에서 다양한 구성원과 협업 관계 형성에 반드시 필요한 요소임을 강조하는 것이다.

따라서 대학 교육은 의사소통능력과 하위능력을 고려하여 교육과정을 구성하고 프로그램을 적용할 필요가 있다. 이를 통해서 미래 기업의 인재들은 단순한 말을 주고받는 대화의 능력을 넘어서 직장 내에서 효과적으로 소통하고 화합하며 협업하는 역량을 갖출 수 있을 것이다.

대학 교육은 단순한 지식을 전달하는 형식적 교육을 넘어서서 산업현장에서 필요로 하는 의사소통능력을 기를 수 있는 교수 학습 방안을 마련해야 한다. 이를 통해서 학생들이 직장 내에서 구성원과 조직 사이에서 효과적으로 소통하고 협업할 수 있는 역량을 기르게 하고 궁극적으로는 기업과 사회 발전에 이바지할 수 있는 인재로 만들어야 한다.

[표3-1] NCS에서제시한 5가지 하위능력

하위능력	정의	세부요소
문서 이해 능력	업무를 수행함에 있어 다른사람이 작성한 글을 읽고 내용을 이해하는 능력	· 문서 정보 확인 및 획득 · 문서 정보 이해 및 수집 · 문서 정보 평가
문서 작성 능력	업무를 수행함에 있어 자기가 뜻한 바를 글로 나타내는 능력	· 작성문서의 정보확인 및 조직 · 목적과 상황에 맞는 문서 작성 · 작성한 문서 교정 및 평가
경청 능력	업무를 수행함에 있어 다른사람의 말을 듣고 그 내용을 이해하는 능력	· 음성정보와 매체 정보 듣기 · 음성정보와 매체 정보 내용 이해 · 음성 정보와 매체 정보에 대한 반응과 평가
의사 표현 능력	업무를 수행함에 있어 자기가 뜻한 바를 말로 나타내는 능력	· 목적과 상황에 맞는 정보조직 · 목적과 상황에 맞게 전달 · 대화에 대한 피드백과 평가
기초 외국어 능력	업무를 수행함에 있어 외국어로 의사소통할 수 있는 능력	· 외국어 듣기 · 일상생활의 회화 활용

1) 의사소통이란?

의사소통(Communication)이란 단어는 라틴어 '*Communis*'에서 나온 것으로 '공통', '공유'라는 뜻을 가지고 있다. 의사소통의 본질은 사람과 사람 사이 서로의 공통점을 이해하고 나누는 것을 의미한다. 즉, 사람들 사이에서 개인과 집단 사이의 의견과 정보와 감정, 사상과 의견 등을 전달하고 그것을 받아들이는 서로 간의 상호작용이다.

의사소통은 단순히 말을 주고받는 대화의 차원을 넘어서서 상호 간의 이해와 공감 그리고 이를 통한 의미 있는 교류, 협업하는 것을 말한다. 많은 사람들이 의사소통이 뭔가 어렵고 힘들며 또는 코로나 시대 이후 개인의 특성을 이해하고 존중해야 하는 데에 반하는 어렵고 불편한 것으로 여기기도 한다.

하지만 개인과 개인, 조직 사이에는 단순한 말과 글의 교환으로는 그 속에 품은 뜻을 이해하기 어렵다. 그래서 더욱 의사소통 능력이 중요하다. 이는 상대방의 말을 경청하고 상대방의 말을 잘 듣고 있는 모습을 보여주고 이해하는 노력을 기울여야 하며, 그 말의 뜻을 파악하고 핵심이 무엇인지 이해하는 것이다. 이를 바탕으로 상대방에게 말을 전달하여야 한다. 나아가 업무나 일상에서 필요한 공문이나 이메일, 대화 등에서도 이러한 노력이 깃들 수 있도록 하는 능력이 되도록 해야 한다.

의사소통은 정보만 단순하게 전달해서는 안된다. 상대방의 감정과 상황을 충분히 고려해야 한다. 그리고 상황을 충분히 존중하고 공감하는 능력을 갖추고 있어야 한다. 예를 들어, 타 부서가 핵심 업무로 야근하는 상황에서 우리 부서의 주요 핵심 업무를 달성해 달라는 공문을 보냈다면 당연히 상대방은 소통하기 어려운 여건에 놓이게 될 것이다. 이렇듯 상대 부서의 현황이 어떤지를 충분히 파악하고 그 상황을 이해한 상태에서 업무 시기를 조정하여 추진할 필요가 생기는 것이다. 이를 통해서 두 부서는 상호 신뢰를 형성하게 되고 이후 추진되는 업무에서 원활한 협업이 가능해 질 것이다.

결과적으로 의사소통은 서로 간의 이해와 공유해 나가는 과정이며 단순히 주고 받는 말이나 문서를 넘어서는 의미를 가진다. 즉, 상대방에 대한 존중과 공감을 바탕으로 여러 가지 현황, 상황을 이해하고 상대방과 소통해 나가는 고차원적 기술이다. 당연히 의사소통 능력은 직장 내 인간관계와 직무 성과에도 큰 영향을 미친다. 이를 위해서 개인 그리고 조직도 모두 의사소통 능력을 강화해 나가야 한다.

2) 직장에서 의사소통

가) 직장에서 의사소통

직장에서 의사소통은 조직의 운영과 성과에 직접적인 영향을 미친다. 조직의 생산성 향상과 구성원 사기를 높이는데 기여하며, 조직과 조직 사이, 구성원 사이의 적절한 정보 교환을 촉진시켜 목적과 목표를 달성하는 데 중요한 역할을 한다. 또한 성과와 직원 만족도를 결정하는 데도 중요한 역할을 한다.

나) 직장에서 의사소통의 목적과 기능

첫째, 원활한 소통으로 조직의 생산성을 높인다. 분명한 업무 지시, 업무에 대한 분명한 피드백, 조직, 개인간 협업이 이루어질 때 효율성이 높아진다.

둘째, 조직 내 구성원들의 사기를 진작시킨다. 상사와 동료 사이의 신뢰를 형성시키고 조직 몰입도를 향상시키고, 소속감을 높인다.

셋째, 조직 생활에 필요한 정보를 전달하고 공유한다. 조직의 목표와 이를 달성하기 위한 전략, 전략 실행을 위한 정책과 세부 사업, 업무 지침 등을 정확하게 전달하여 업무의 구체성과 효율성을 높인다.

넷째, 구성원 간 의견이 다를 경우 설득하는 데 목적이 있다. 특정 사업 프로젝트를 추진하는 필요성과 목적, 새로운 아이디어 창출과 진행 등 상사나 동료를 이해시키고 설득하는 데 중요한 역할을 한다.

이와 같이 직장 내에서 의사소통은 생산성을 높이기 위해 구성원 사이의 지식과 정보를 효율적으로 전달하는 과정이다. 기업과 조직은 공통적인 비전과 목표를 가지고 있으며, 이를 달성하기 위해서 전략을 체계적으로 수행하고 세부 프로젝트 달성을 위해 구성원 간 협력과 신뢰로 몰입과 소속감을 높인다. 따라서 의사소통은 조직의 성공과 지속가능성을 위해 반드시 필요한 요소가 된다.

다) 직장에서 의사소통의 중요성

직장에서는 상사와 동료, 부하 직원 및 타 부서 사이에 원활한 의사소통이 이루어질 때, 비로소 구성원들이 서로에 대한 이해와 공감을 높일 수 있다. 하지만 다양한 사람들로 구성되어 있는 조직 내에서는 동일한 내용이라도 서로 다르게 해석하거나 오해의 소지가 반드시 존재한다. 전달자의 의도와 달리 수신자에게 다르게 받아들여질 수 있는 것이다. 따라서 전달자와 수신자의 상호작용에 따라 그 의미가 완전히 바뀔 수 있다. 우호적 또는 적대적 관계에 따라 메시지가 다른 의미로 해석될 것이다. 이러한 특성을 고려한다면 효과적인 의사소통은 상대방의 배경과 상황을 충분히 이해하고 있어야 가능하다는 것을 알 수 있다. 즉, 구성원 간 의사소통 능력을 향상시키기 위해서는 구성원들 사이의 신뢰가 바탕이 우선되어야 한다.

3) 의사소통 능력의 종류

직장에서는 여러 사람들과 다양한 의사소통을 통해서 업무가 이루어진다. 단순히 말로 이루어질 수도 있지만 기획서, 보고서, 공문서와 같은 문서를 이용해 의사소통을 하게 되는 경우가 많아 문서를 작성하는 능력과 작성된 문서에 담긴 의미가 무엇인지 파악하는 능력이 필수이다. 또한 여러 사람들과 소통하기 위해서 자신의 의사를 정확하게 표현할 수 있어야 하고, 반대로 상대방이 어떤 말을 어떤 의도로 하는지 경청하고 이해하는 태도도 필수이다.

이와 같이 직장에서 문서적 의사소통과 언어적 의사소통은 중요한 역량이며, 직장 내에서 업무 효율성과 성과를 결정하는 중요한 요소로 작용한다.

문서적 의사소통은 기획서, 보고서, 공문서와 같이 글과 문서로 정보를 관리하고 전달하는 능력을 말한다. 이것은 직장내 업무의 공식적인 기록으로서 명확성, 논리성, 정확성이 요구된다. 언어적 의사소통은 대화, 회의, 카카오톡, 프레젠테이션과 같이 의사를 표현하고 전달하고 상대의 말을 이해하는 능력을 의미한다. 문서 또는 언어적 의사소통이 중요한 것은 상호작용을 통해 신뢰를 구축하고 개인이나 부서간 협업을 강화하는데 중요한 역할을 한다.

또한 글로벌 시대에 외국어 능력도 추가적으로 요구되고 있으며 국제적 성과 창출에 중요한 역량으로 작용한다. 따라서 개인은 다양한 방식의 의사소통 능력을 개발하기 위해 노력해야 한다.

가) 문서적 측면의 의사소통(문서이해능력과 문서작성능력)

문서를 통한 의사소통 능력은 문서의 의미를 이해하고 핵심적인 요소를 알아낸 뒤, 목적과 상황에 적합한 정보를 효과적으로 전달하기 위한 문서의 작성과 관리 능력을 의미한다. 단순히 글을 쓰고 문서를 만드는 것을 넘어서 정보를 분석하고 구조화. 구체화하고 이것을 수신하는 사람이 쉽게 이해할 수 있도록 명확하고 논리적으로 표현하는 능력을 의미한다.

직장에서 문서적 의사소통 능력은 모든 업무에서 필수적이다. 전화 메모에서부터 예산서, 주문서, 기획서, 보고서 등 직장에서 가벼운 문서적 의사소통에서 공식적 문서 의사소통에 이르기까지 다양한 상황에서 활용되는 능력이다. 이러한 문서적 의사소통 능력은 업무의 정확성을 높이고 효율화시키는데 중요하며, 잘 작성된 문서는 직장내 업무의 오류와 오해를 예방해 준다. 따라서 직장인은 문서를 이용한 의사소통 능력을 향상 시키기 위해 관련된 역량을 개발하는데 노력해야 한다.

[문서적인 측면의 의사소통]

- 문서이해능력: 업무와 관련된 다양한 문서를 읽고, 그 내용의 의도를 정확하게 이해하고, 필요한 정보를 추출하고 종합하는 능력을 의미한다. 문서이해능력은 문서의 목적과 맥락을 이해하고 정보를 선별하며 이를 업무에 활용할 수 있도록 정리하고 체계화하는 과정을 모두 포함한다.
- 문서작성능력: 이는 업무 관련 상황과 목적에 맞도록 문서를 시각화하고 효과적으로 작성하는 능력을 포함한다. 문서는 독자가 이해하기 쉽도록 간결하고 명확하게 표현해야 하며 정보를 논리적이고 조직적으로 구성해야 한다. 또한 문서의 형식도 중요하므로 적절한 표현과 스타일을 구현하는 능력도 필요하다.

문서적 의사소통은 다음과 같은 특징이 있다.

첫째, 문서는 언어와 달리 공식적인 권위감이 있다. 공식적인 문서는 기업의 의사를 공식적으로 전달하고 조직의 결정 수단으로 사용되므로 상대에 대한 신뢰와 권위가 부여된다.

둘째, 문서는 정확성을 가지고 있다. 문서는 언어와 달리 사전에 기획되고 조율되며 미리 검토, 수정을 거친 것으로 정보의 정확성과 신뢰성이 높다.

셋째, 문서는 언어와 달리 장소와 시간에 영향을 받지 않고 구성원 전체에게 전달될 수 있으며 언제든지 공유하고 다시 확인할 수 있다.

넷째, 문서는 보전성이 높다. 종이 또는 전자문서로 기록을 남기므로 필요할 경우 언제든지 다시 꺼내어 볼 수 있고 검토가 가능하다. 이러한 이유로 문서는 투명성과 책임성이 높은 특징을 가진다.

그러나 문서적 의사소통이 완벽한 것은 아니다. 잘못 작성된 문서는 큰 오해와 혼란을 가져올 수 있다. 모호한 표현으로 수신자가 각각 다르게 해석할 수도 있으며 불필요한 정보로 오해를 일으킬 수도 있다. 또한 상대가 문서를 수신하였다고 해서 즉각적으로 문서를 어떻게 이해했는지 알 수 없다.

따라서 문서적 의사소통을 효율적으로 원활하게 사용하기 위해서 문서는 간결하고 논리적이어야 하며 명확성을 높여서 작성되어야 한다. 또한 적절한 어조, 형식과 함께 사용되어야 소통 수준을 높일 수 있다.

나) 언어적 측면에서의 의사소통(경청능력과 의사표현능력)

① 언어적인 의사소통능력의 의미: 말은 인간이 사용해 온 가장 오래된 소통 방식이다. 사람들은 사적이든 공적이든 언어를 수단으로 의사소통하는 시간을 일평생 75%로 할애한다. 이것은 대화, 회의, 프리젠테이션 등 다양한 형태로 이루어지고 있으며, 직무 생활 중 가장 빈번하고 대표적으로 사용되는 의사소통이다.

② 언어적 의사소통 능력의 구분: 언어적 의사소통 능력은 경청능력과 의사표현 능력으로 구분된다. 먼저 경청능력은 상대방과 원활한 의사소통을 하기 위해서는 화자의 이야기에 집중하고 주의 깊게 듣고 상대방이 무엇을 말하고자 하는지 의도를 이해하고 감정을 읽을 수 있어야 한다. 또한 이와 관련한 공감하는 능력이 필요하다. 경청 능력은 단순한 대화가 아닌 상호 이해와 신뢰를 높이는데 필요하다. 둘째, 의사표현능력은 자신이 전달하려는 목적과 자신의 상황을 상대방에게 조리있고 설득력 있게 표현하는 능력이다. 논리적으로 말하기, 적절한 어조, 올바른 표현, 상대방 입장을 고려한 전달 등이 의사표현능력에 표현된다. 이 능력은 상대방을 설득하고 협업하여 업무 목표와 성과를 달성하는데 필수

요소이다.

③ 언어적인 측면으로서 의사소통의 특징: 언어적 의사소통은 문서적 의사소통과 달리 다소 정확성이 떨어질 수 있다. 말로 전달된 정보는 문서와 달리 기록에 남지 않으므로 언제든지 왜곡 될 수 있기 때문이다. 특히 상대의 상황에 따라서 말을 바꿀 수도 있고 자신의 처지에 따라서 말을 바꿀 수도 있기 때문이다. 이러한 단점에도 불구하고 언어적 소통은 상대방의 즉각적 반응을 알 수 있기 때문에 유연하게 대처하고 설득할 수 있는 유연성을 가지고 있다. 또한 언어적 의사소통은 조직 내 모든 구성원이 가장 많이 할애하는 소통 방법이다. 즉, 말하고 듣는 시간이 가장 많기 때문에 경청하고 의사를 표현하는 것은 매우 중요한 역량으로 평가 받는다. 경청과 의사소통이 잘되는 인재는 직장에서 신뢰받고 협업을 잘 이끌어낼 수 있다. 따라서 구직자는 경청과 의사표현 능력을 길러 원할한 소통을 할 수 있도록 충분히 준비를 하여야 한다.

다) 글로벌 의사소통능력

글로벌화와 세계화가 지속되면서 전 세계는 하나로 연결되었다. 따라서 직장 생활에서 기본적인 외국어 능력은 매우 중요한 역량이다. 기획서나 보고서 같은 문서적 의사소통능력이나 동료간 대화를 통한 언어적 의사소통능력도 중요하지만, 국제적 업무환경에 필요한 외국어 역량도 갖추이 않으며 안된다. 또한 단순히 외국어를 말하고 쓰는 것 뿐만 아니라 문화적 차이를 이해하고 존중하는 능력도 함께 함양해야 한다.

① 직장인에게 필요한 기초 외국어 능력: 기본적인 외국어 능력은 외국어로 작성된 문서를 이해하거나 외국인과 전화 통화에서 간단히 응대할 수 있는 기본적인 대화가 가능해야 한다. 따라서 외국어를 사용하면서 상대방의 의사를 이해하고 자기의 의사를 전달 하는 능력을 갖추어야 한다. 이는 과거와 달리 기업들이 국제적으로 모두 연결되어 있기 때문이다. 수입 뿐만 아니라 수출이 기업의 기본적 업무에 해당하기 때문에 외국인과의 원활한 소통 능력도 중요하게 부상하였다.

② 문서 이해와 작성: 외국어로 작성된 이메일이나 문서를 이해하거나 외국어로 이메일 또는 문서를 작성하는 능력을 말한다. 국제 업무에 의해서 발생되는 계약, 수출 등을 외국어로 처리하는 능력은 글로벌화 시대에 필수 요소이다.

③ 의사표현 및 경청: 외국인과 기본적으로 대화하며 상대방의 의사를 이해하고 자신의 의사를 잘 전달하는 능력이 필요하다. 이는 국제 업무 효율성을 높이는데 기여한다.

이와 같은 글로벌 의사소통능력은 단순히 외국어를 구사하는 능력이 아닌 문화적 차이와 이해, 공감을 바탕으로 소통하는 능력이 중요하다. 글로벌 시대에 구직자에게 필요한 기초 외국어 능력은 문서 이해와 작성, 의사표현, 경청과 같은 복합적 능력이 필요하다. 개인은 이러한 역량을 갖추기 위해서 노력해야 하며 기업도 이러한 역량개발을 지원할 필요가 있다.

4) 의사소통능력의 개발

의사소통능력을 개발 하기 위해서 구직자는 자신의 의사소통능력이 어느정도 인지 파악해 볼 필요가 있다. 자신의 의사소통을 방해하는 요인이 무엇인지를 객관적으로 인지하고 자신의 문제점을 객관적으로 분석하여 나열할 수 있어야 한다. 또한 상대방을 이해하는 노력과 구성원으로서 조직의 분위기를 개선하려는 노력이 중요하다.

가) 사후 검토와 피드백(feedback) 주고받기

① 피드백(feedback)의 정의: 피드백이란 행동 결과에 대해서 정보를 제공하는 것을 뜻한다. 상대방의 행동이 나에게 어떤 영향을 미치는지 파악하고 그것을 솔직하게 상대방에게 전달하는 과정이라 할 수 있다.

② 사후검토와 피드백 활용: 의사소통 과정에서 일어날 수 있는 오해나 왜곡은 줄여야 한다. 대화를 하는 사람 또는 그 말을 전달하는 사람은 의사소통에 대한 사후 피드백을 통해 전달하고자하는 메시지가 어떻게 해석되고 있는지 파악할 수 있다. 특히 서로 면대면 의사소통에는 직접적으로 질문할 수 있고 상대방의 표정이나 몸짓 등을 통해 정확한 반응을 파악

하고 피드백 받을 수 있다.

③ 사후검토와 피드백시 유의할 점: 피드백은 무조건 좋게 받아들여지지 않는다. 피드백은 상대방이 원할 경우 대인관계에 도움을 줄 수 있지만 원하지 않을 경우에는 부정적 영향을 미칠 수 있다. 또한 피드백을 제공할 때 부정적이거나 비판적인 피드백을 할 경우 역효과가 발생될 수도 있다. 따라서 피드백은 긍정적 측면과 부정적 측면을 균형되게 제공하는 게 중요하다.

나) 언어의 단순화

언어적 소통, 대화는 상대방과 물리적으로 가까이서 이루어 진다. 따라서 상대방이 말하는 동안 상대방에게 관심을 보이지 않는다면 의미있는 대화, 소통을 이어가는 것은 쉽지 않다. 단순히 듣는 것과 상대방의 말에 귀를 귀울이며 반응하는 것은 다르다. 상대방이 말하는 것은 들을 수 있다. 하지만 단순히 듣는 것은 수동적인 행위이다. 이에 비해서 경청은 능동적으로 상대방의 말을 능동적으로 이해하려는 노력이다. 경청은 상대가 어떤 말을 하는지 듣고 이해하고 공감하려는 노력이며 동일한 주제에 대해서 생각하고 있음을 뜻 한다. 상대방의 측면에서 생각하고 이해하며 공감하려는 자세는 경청을 더욱 효과적으로 만든다.

다) 적극적인 경청

인간은 감정적 존재이다. 문서 소통이든 언어 소통이든 감정이 동반된다. 따라서 모든 대화가 이성적으로만 이루어지는 것은 쉽지 않다. 의사소통 중에 감정이 오고가는 것은 자연스러운 현상이지만, 감정이 지나치게 개입되면 의사전달이 원활해지지 않는다. 오해를 일으키거나 메시지가 엉뚱한 방향으로 해석될 수 있다. 이러한 감적적 상황에서는 침착하게 마음을 가라 앉히고 평정심을 찾아야 한다. 의사소통을 잠시 중단 하는 것도 괜찮다. 하지만 무한정 의사소통을 중단하거나 미룰 수 없다. 따라서 자신의 상태와 조직의 분위기를 정확히 객관적으로 이해하고 상대의 의중이 무엇인지 이성적으로 감정적으로 파악하고 소통이 임하는 적극적인 태도가 필요하다.

라) 감정의 억제

우리는 감정적인 존재이므로 언제나 이성적인 방법으로 의사소통을 하지는 않는다. 의사소통에 있어서 느낌을 갖는다는 것은 자연스러운 일이다. 하지만 자신의 상황에 따라 어떤 문제에 대해 감정적으로 좋지 못한 상황에 있을 때 듣거나 문서가 주어진다면 메시지를 곡해하기 쉽고 반대로 자신이 전달하고자 하는 의사표현을 명확하고 정확하게 하지 못할 경우가 많다. 이러한 상황에 있을 때 가장 좋은 방법은 침착하게 마음을 비우도록 노력하고 자신이 평정을 어느정도 찾을 때까지 의사소통을 연기하는 것이다. 하지만 조직 내에서 의사소통을 무한정 연기할 수는 없기 때문에 먼저 자신의 분위기와 조직의 분위기를 개선하도록 노력하는 등 적극적인 자세가 필요하다.

2 문서이해능력

직장생활에서 문서를 이해하는 능력은 복잡하고 다양한 문서를 읽고 내용을 파악하고 이해하여 핵심을 전달하는데 중요하다. 특히 여러 문서를 작성하고 읽어야 하는 직장인의 특성상 방대한 양의 정보 속에서 핵심 정보를 추려내고 이해하는 능력이 필수이다. 이는 직장 생활뿐만 아니라 일상생활에서도 중요하다. 문서는 간단한 메모에서부터 기획서, 보고서, 제안서, 이메일, 편지, 맥스 공문 등 복잡하고 형태가 다양하다. 사람들은 일상 속에서 이러한 문서를 접할 수도 있고 다양한 작업 환경에서도 이런 문서를 종종 사용하게 된다. 자신에게 주어진 문서를 정확하게 읽고 이해하는 것은 전달하고자 하는 메시지가 무엇인지 명확히 파악하는 데 중요하다.

구직자는 문서이해능력을 높이기 위한 노력이 필수이다. 기본적으로 문서의 형태와 구조를 파악하고 목적을 파악하는 것이 필요하다. 보고서 같은 문서는 수행된 사실과 데이터로 구성되어 있으며 기획서는 아이디어를 창의적으로 기술하고 있으므로 각각 문서의 목적에 따른 이해 능력이 필요하다. 즉, 문서를 읽을 때, 문서가 전달하고자 하는 핵심 문장과 키워드를 파악하고 이를 통해 문서 전체의 의미를 파악하는 연습이 중요하다. 더 나아가 문서를 작성할 때에는 상대방의 수준과 현황을 고려하여야 하고 명확하고 간결한 표현을 사용하는 것이 좋다. 전문적이거나 복잡한 용어는 보기는 좋을 수 있으나 오히려 복잡하고 이해의 차이를 만들어내므로 좋지 않다. 따라서 상황에 맞는 적절한 언어로 문서를 작성하는 능력도 중요하다.

1) 문서이해능력의 의미

가) 문서이해능력이란

문서이해능력이란 현장에서 일과 관계된 인쇄물이나 정보 또는 다양하게 만들어진 모양과 형태의 문서를 읽고 이해하여 자기가 어떤 업무를 수행해야하는지 파악하는 능력을 뜻한다. 이것은 단순히 눈에 보이는 문자를 읽는 것을 넘어서서 문자, 도표, 숫자, 기호 등의 요소까지 정확히 파악하고 이해하며 표현할 수 있는 능력을 포함하는 것이다. 다시 말해서, 문서에 담긴 정보를 분석하여 활용하는 능력이다.

나) 직장에서 요구되는 문서이해능력

직장에서는 현장 업무와 관계된 여러 문서들을 접할 수 있다. 이것은 간단한 메모부터 인쇄물, 문자와 기호 등으로 이루어진 정보까지 매우 다양하게 구성, 작성되어 있다. 이런 문서를 수신하여 업무를 수행하기 위해서는 문서가 전달하고자 하는 내용을 정확히 알아야 하고 핵심을 파악해야 한다. 즉, 문서를 종합적으로 이해하고 통합하는 능력이 필수이다.

단순히 문서 내용만 파악하는 것이 아니라 문서가 전달하고자 하는 정보를 바탕으로 업무에 필요한 모든 것을 적절하게 추론하고 수행하는 능력이 포함된다. 또한 생산성과 효율성을 높이기 위해 문서로 지시되는 업무의 적절성도 파단하고 이를 개선 실행하는 것도 중요한 능력이다. 문서는 의사 전달, 필요한 업무 명시, 진행 중 업무 기록, 보존의 역할을 한다.

따라서 문서이해능력이 부족하면 업무 이해가 안되고 올바른 업무 수행이 어려워 진다. 즉, 업무효율이 저하되고 조직 내 의사소통에 차질이 생기게 된다. 이는 기업 성과에 부정적 영향을 미치게 될 것이다. 따라서 직업인으로서 업무의 정확한 이해와 효율성을 높이는데 문서이해능력은 중요하다. 이를 위해서 문서의 형태와 구조, 목적을 정확히 파악하고 핵심 사항을 파악하고 적절한 업무 행동을 수행하는 능력을 지속해서 개발해야 한다.

2) 문서의 종류

직장생활에서 접하게 되는 문서는 매우 다양한 종류가 있다. 각각의 문서들은 분명한 목적과 상황에 맞게 사용된다. 이것을 구분할 줄 아는 능력은 업무의 효율성을 높이는데 중요하다. 문서를 종류별로 분류하면 [표3-2]와 같다.

[표 3-2] 문서의 종류들

종류	내용
공문서	정부행정기관에서 대내적, 혹은 대외적 공무를 집행하기 위해 작성하는 문서를 의미하며 정부기관이 일반회사 또는 단체로부터 접수하는 문서 및 일반회사에서 정부기관을 상대로 사업을 진행하려고 할 때 작성하는 문서도 포함된다. =〉엄격한 규칙과 양식에 따라 정당한 권리를 가지는 사람이 작성해야 하며 최종결재권자의 결재가 있어야 문서로서의 기능이 성립된다.
기획서	적극적으로 아이디어를 내고 기획해 하나의 프로젝트를 문서형태로 만들어 상대방에게 기획의내용을 전달하여 기획을 시행하도록 설득하는 문서이다.
기안서	회사의 업무에 대한 협조를 구하거나 의견을 전다할 때 작성하며 흔히 사내공문서로 불린다.
보고서	특정일에 관한 현황이나 그 진행상황 또는 연구 검토 결과등을 보고하고자 할 때 작성하는 문서이다. 예) 영엽, 결산, 일일업무, 주간업무, 출장, 회의보고서 등
설명서	상품의 특성이나 사물의 성질과가치, 작동방법이나 과정을 소비자에게 설명하는 것을 목적으로 작성한 문서이다. 예)상품소개서, 제품설명서
보도자료	정부기관이나 기업체, 각종 단체 등이 언론을 상대로 자신들의 정보가 기사로 보도되도록 하기 위해 보내는 자료이다.
자기 소개서	개인의 가정환경과 성장과정, 입사동기와 근무자세등을 구체적으로 기술하여 자신을 소개하는 문서이다.
비즈니스 레터	사업상의 이유로 고객이나 단체에 편지를 쓰는 것이며, 직장업무나 개인간의 연락, 직접방문하기 어려운 고객관리 등을 위해 사용되는 비공식적 문서이나 제안서 보고서 등의 공식적인 문서를 전달하는 데도 사용하는 문서이다.
비즈니스 메모	업무상 필요한 중요한 일이나 앞으로 체크해야 할 일이 있을 때 필요한 내용을 메모형식으로 작성하여 전달하는 글이다 예)전화메모, 회의메모, 업무메모

가) 공문서

공문서는 정부 행정기관이 대내 또는 대외적 공무를 수행하기 위해서 작성하는 문서이다. 이것은 정부기관이 일반 회사나 단체로부터 접수하는 문서와 일반회사가 정부기관을 대상으로 사업을 추진할 때 작성하는 문서도 모두 포함된다. 공문서는 법적인 효력을 지니며 공식적인 일 처리에 필수다. 공문서는 정확한 규격과 양식에 따라 정당한 권리를 가지는 사람이 작성해야 하며 최종 결재권자의 결재가 있어야 문서로서의 기능이 성립된다. 이것은 공문서가 신뢰성과 공정성을 가지게 하며 중요한 절차이다.

나) 기획서

기획서는 새로운 생각과 아이디어를 정리하고 구체화하며 이를 하나의 프로젝트로 만들어 문서로 정리한 것이다. 기획서는 상대방에게 프로젝트의 내용을 정확히 전달하고, 이를 실행할 수 있도록 설득하는 것이 목적이다. 단순히 아이디어만 나열하는 것을 넘어 실행 가능한지 효과를 볼 수 있는지를 논리적으로 제시하여 상대방을 설득하고 지지를 얻어야 한다. 즉, 아이디어를 구체화하고 설득하고 실행방안을 제시하는데 주요 목적이 있는 문서인 것이다. 따라서 기획서를 작성하기 위해서 명확성, 실행 가능성, 설득력, 시각적 요소 모두 이용하여 프로젝트를 채택하고 실행할 수 있도록 해야 한다.

다) 기안서

기안서는 회사 내부에서 업무를 수행하는 데 명령을 전달하거나 협조를 요청하거나 의견을 전달하기 위해서 작성되는 문서이다. 흔히 사내 공문서라고 알려진 문서이다. 이 문서는 내부 조직에서 의사소통을 원활하게 하고 업무를 공식적으로 진행시키는데 중요하다. 기안서는 상급자, 관련 부서의 승인에 의해서 실행에 옮겨지고 이를 통해서 투명성과 책임성이 확보된다. 기안서의 주요목적은 업무 협조 요청, 의견 전달, 공식적 승인이 포함된다. 따라서 명확한 제목, 기안자 정보, 기안 일자, 기안 목적, 기안 내용, 기대 효과, 결론, 결재란으로 구성된다. 기안서 작성시 명확성과 구체성, 공식성, 설득성이 모두 함께 작성되어야 한다. 이를 통해서 업무의 원활한 진행과 성과를 도출해 낼 수 있다.

라) 보고서

보고서는 특정 업무의 현황과 진행상황, 연구와 탐구, 검토 결과등을 문서로 기록하여 상급자나 관련 부서에 보고하는 문서이다. 이는 업무의 책임성을 부여하고 이를 통해서 상급자 또는 관련부서는 의사결정하는 자료로 사용하게 된다. 보고서는 목적에 따라 다양한 종류로 생성되며 각각 형식과 작성 방법이 다르다. 보고서는 현황 보고, 진행 상황 보고, 결과 보고, 문제점 개선 및 방안 제시를 주요 목적으로 하므로 제목과 작성자 정보, 작성 일자, 목적, 내용을 명확하고 논리적이며 객관적으로 시각적 요소를 활용하여 작성한다.

[표 3-3] 보고서의 종류

종류	내용
진행 보고서	프로젝트 또는 업무의 진행 상황을 정기적으로 보고.
결과 보고서	프로젝트 또는 연구의 최종 결과를 보고.
문제 보고서	업무 중 발생한 문제점과 이를 해결하기 위한 방안을 제시.
검토 보고서	특정 주제에 대한 검토 결과를 보고.
제안 보고서	새로운 아이디어 또는 개선 방안을 제안.
분석 보고서	데이터 또는 현황을 분석한 결과를 보고.
정기 보고서	정기적으로 작성하여 업무 현황을 공유.

마) 설명서

설명서는 판매하고자하는 상품의 특성, 특징, 가치, 작동법, 사용방법 등을 소비자에게 전달하기 위한 문서이다. 소비작 제품을 올바르게 이해하고 정확한 사용법을 숙지시키고 문제가 발생될 경우 대처방법에 대해서 정보를 전달 시킨다. 이를 통해서 상품에 대해서 신뢰성과 만족도를 높여야 한다. 설명서는 제품 정보 전달, 사용 방법 설명, 주의 사항 안내, 문제 해결 지원등의 정보가 충분히 기술되어 야한다. 이를 위해서 제목과 제품 정보, 목차, 소개, 사용 압법, 주의 사항, 문제 해결, 기술 사양, 고객지원으로 구성된다. 설명서의 종류는 다음과 같다.

〈표 3-4〉 설명서의 종류

종류	내용
상품 설명서	· 일반인들이 친군하게 읽고 내용을 쉽게 이해하도록 하는 문서 · 소비자에게 상품의 특징을 잘 전달해 상품을 구입하도록 유도하는 것이 궁극적 목적

종류	내용
제품 설명서	· 제품의 특징과 활용도에 대해 세부적으로 언급하는 문서 · 제품 구입도 유도하지만 제품의 사용법에 대해 더 자세히 알려주는 것이 주목적
설치 설명서	· 제품의 설치 방법과 주의 사항을 설명
기술 설명서	· 제품의 기술적 사양과 원리를 설명
안전 설명서	· 제품 사용 시 주의해야 할 안전 사항을 강조
보증 설명서	· 제품의 보증 기간 및 조건을 설명

바) 보도자료

정부기관이나 기업체,각종단체 등이 언론을 상대로 자신들의 정보가 기사로 보도되도록하기 위해 보내는 자료이다. 정보 공유와 홍보, 이슈 대응, 언론 활용을 목적으로 하며, 제목과 부제, 보도일자, 본문(도입부, 세부 내용, 배경 정보), 조직 정보, 이미지 또는 첨부자료로 구성된다. 보도자료 작성시에는 명확성, 흥미 유발, 객관성, 시의성, 언론 친화성을 모두 고려하여 작성해야 한다.

사) 자기소개서

자기소개서는 개인의 성장배경, 입사동기, 자신의 장점과 단점 등을 구체적으로 기술하여 자기를 소개하는 문서이다. 이는 기업에 입사 할 때 중요하게 작용하므로 지원자의 기본적인 배경, 인성, 역량, 열정을 평가하는데 기초적으로 활용된다. 따라서 자신의 개인 이력을 기술하는 것도 중요하지만 자신의 경험과 가치관, 인성이 드러나도록 작성해야하고 기업과 조직에 어떤 기여를 할 수 있는지 보여주어야 한다. 따라서 자기 소개, 자기 표현, 입사 동기 설명, 조직 적합성 강조, 개인적 장단점 특성 소개와 함께 진솔하고 구체적으로 논리성 있게 작성해야 한다.

아) 비즈니스 레터

비즈니스 레터는 사업을 목적으로 협력사, 고객 또는 관공서 등에 보내는 편지 일체를 말한다. 업무에서 공식적인 의사소통을 위해 사용되며 고객 관리, 정보 전달, 제안 또는 협력 요청, 문제 해결, 공식 문서 전달이 주요 목적이므로 발신자 정보, 수신자 정보, 날짜, 인사말, 본문, 맺음말 등으로 적절히 구성해야하며 공식성, 명확성, 정확성, 친절성 맞춤형 작성이 필요하다. 비즈니스 레터를 이용하여 관련 구성원들과 신뢰 관계를 구축 할 수 있다.

자) 비즈니스메모

비즈니스 메모는 업무를 수행하는데 필요한 사항과 체크해야할 간단한 일들을 기록하여 전달하는데 사용되는 문서이다. 이는 정보를 신속하게 전달하여 업무의 효율성을 높일 수 있다. 메모는 명확하고 간결하게 작성해야하며 당사자가 이해하기 쉽게 작성되어야 한다. 메노는 제목, 작성자, 작성 일자, 수신자, 내용, 후속 조치 등으로 구성되며 정보 전달, 업무 지시, 기록 보존, 후속 조치 등의 목적을 가진다.

3) 문서 이해 지침

우리는 일상생활과 일 경험 등 다양한 활동을 하면서 수없이 많은 문서를 읽어야 한다. 하지만 모든 문서의 내용을 다 이해하고 머릿속에 기억하기는 어려운 일이다. 따라서 각각의 문서에서 중요한 내용만을 파악하여 필요한 정보를 획득하고 다양한 정보를 수집하여 종합하는 능력을 키워나가야 한다.

- 문서이해를 위한 구체적인 절차 : 주문서와 보고서, 지시문 등 여러 가지 문서를 신속하게 이해하고 요약 정리하는 구체적인 절차는 다음과 같다.

[그림 3-1 문서 이해를 위한 구체적인 절차]

문서의 목적을 이해하기

↓

이러한 문서가 작성되게 된 배경과 주제를 파악하기

↓

문서에 쓰여진 정보를 밝혀내고, 문서가 제시하고 있는 현안을 파악하기

↓

문서를 통해 상대방의 욕구와 의도 및 내게 요구되는 행동에 관한 내용을 분석하기

↓

문서에서 이해한 목적 달성을 위해 취해야 할 행동을 생각하고 결정하기

↓

상대방의 의도를 도표나 그림 등으로 메모하여 요약 정리해보기

3 문서작성능력

우리는 일상생활과 직장생활 속에서 수많은 문서를 읽고 이것의 의도를 파악하고 이해해야 한다. 그러나 모든 문서를 모두 읽고 파악하며 완벽히 이해하는 것은 쉽지 않다. 따라서 문서에서 핵심 내용을 추려서 빠르게 파악하고 필요한 정보를 추출하고 종합하여 활용하는 능력이 필요하다.

먼저 문서의 목적과 문서의 맥락을 파악해야 한다. 문서를 수신하였을 때 그 문서가 어떤 목적으로 만들어졌는지 이해하면 핵심 내용을 보다 빨리 알아낼 수 있다. 또한 중요한 정보를 빠르게 알아내어 선별할 수 있어야 한다. 문서의 구조에서 제목과 소제목, 목록, 내용 등을 파악하고 핵심 주제를 빨리 알아내는 것이 요구된다.

다양한 문서에서 얻은 정보를 나열하고 종합하여 연결함으로서 새로운 통찰을 도출해야 한다. 이러한 능력은 업무의 효율성을 높이고 성과를 창출하는 데 기여하고, 또한 문서의 글을 단순하게 읽는 것을 넘어 문서에 담긴 정보를 파악하고 효과적으로 관리하고 전달하는 데 필수다. 특히 직장 보고서, 기획서, 공문, 이메일 등 다양한 문서를 다루어야 하기 때문에 이 능력은 업무 성과를 높이는 데 큰 도움이 된다. 문서를 읽고 이해하는 데 핵심을 파악하고 정보를 종합하는 능력을 개발해야 한다.

1) 문서 작성의 중요성

문서 작성은 직장에서 단순한 의사소통의 수단을 넘어서 개인의 업무 능력으로 인정된다. 아무리 성실하게 일하더라도 주어진 업무에 맞게 올바른 목적을 가진 문서를 작성하지 못하면 개인의 능력을 제대로 인정 받지 못할 수 있다. 문서는 업무의 과정과 결과를 기록하는 수단이므로 작성자의 논리성, 문해력, 전문성이 보이므로 문서작성 능력은 중요하다. 직장에서 글을 작성하는 것은 의사소통의 핵심이다. 공문서와 기획서 등과 같은 공식적 문서 뿐만 아니라 이메일, 메모에 이르기 까지 직장에서는 업무에 대해 논리적이고 명확하며 올바르게 전달하는 표현 능력이 어느 때보다 중요해 졌다. 즉, 단순한 정보를 전달하기 보다 업무의 목적을 달성하고 성과를 내는 것과 동료, 상사로부터 신뢰를 얻는 기본 요소가 된다. 따라서 다음과 같은 이유로 더욱 역량을 강화할 필요가 있다. 첫째, 업무의 투명성과 책임성 확보 둘째, 효율적인 업무 진행 셋째, 전문성과 신뢰형성, 넷째 글로벌 환경에서 필수적인 역량

가) 문서의 의미

우리는 일상생활 및 직장생활에서 다양한 문서를 접한다. 일상생활에서 문서는 개인의 기록을 위한 목적이라면 직장생활에서 문서는 업무를 수행하고 조직의 목표와 전략을 달성하는데 사용된다. 따라서 직장인에게 문서는 단순히 개인의 의사표현을 위한

것을 넘어서는 구성원간 조직간 소통을 통해 조직의 성과 창출을 위해서 사용된다. 문서는 조직의 의사결정과 업무 수행 등 다양한 목적에 사용되며 이를 통해서 조직의 효율성, 전문성 향상과 성과를 높인다.

나) 문서작성 시 고려사항

문서를 작성할 때에는 먼저 문서의 목표가 무엇인지 명확하게 파악해야 한다. 문서가 전달하려는 의미가 정확하지 않으면 안된다. 문서는 개인의 사고력과 논리력, 표현력을 모두 총 동원해서 작성해야한다. 그 결과로 만들어지는 고차원적 복합물이다. 따라서 문서를 작성할 때는 대상, 목적, 시기, 기대효과를 고려해서 작성해야 한다.

2) 문서작성 지침

일 경험 중에 사용되는 문서는 상황과 목적에 따라 다양하며 성격도 모두 다르다. 예를 들어 이메일은 일반적으로 개인적인 의사소통 수단이지만 회사 업무 보고서나 고객에게 보낼때는 업무의 연장선이 된다. 이렇듯 상황과 목적에 맞는 문서의 종류에 따라 적절한 문서를 작성하고 제시하는 능력이 필요하다. 대부분의 일 경험에서 업무는 문서를 통해 이루어진다. 자신의 명확한 생각을 전달하고자 할 때 문서를 활용하게 된다. 효과적이고 명확한 진행을 위한 문서 작성 지침을 알아보자.

가) 상황에 따른 문서작성법

직장 생활에서 필요한 문서는 업무 상황에 맞추어 그 형식과 내용이 달리질 수 있으며 요청이나 확인을 부탁하는 경우, 정보 제공을 위한 경우, 명령이나 지시가 필요한 경우, 제안이나 기획을 하는 경우, 약속이나 추천을 하는 경우와 같이 구분될 수 있다.

① 요청이나 확인을 부탁하는 경우: 직장 내 업무와 연관된 사항에 대해서 요청하거나 확인이 필요한 절차를 요구할 때에는 일반적으로 공문, 회보와 같은 문서를 사용하며 공식적인 절차에 의해 진행되어 업무에 대한 책임성과 투명성을 높인다. 문서 작성 시에는 명확한 목적을 제시하고 구체적인 내용을 기술하며 공식적인 어조를 사용한다. 그리고 요청이나 확인 사항에 필요한 정보를 제공하며 마지막으로 공식적이면서도 공손한 표현 문구로 마지막을 작성한다. 이를 통해서 수신자들로부터 신속하고 정확한 응압을 얻을 수 있다.

② 정보제공을 위한 경우: 직장은 사원들에게 업무 성과를 요구한다. 따라서 필요에 따라 시기적절하게 유용한 정보를 제공하는 것은 중요한 사항이다. 정보제공을 위한 문서는 기업의 정보를 다양한 수신자에게 또는 고객에게 전달하는 문서로 홍보물, 보도자료, 제품설명서, 사용자 안내서 등의 형태를 가진다. 정보제공을 위한 문서를 작성할 때는 신속하고 정확하게 작성하는 것이 필요하며 글만으로 어렵게 적기보다 시각적 표현을 이용하여 읽기 쉽게 만들어 독자를 돕는게 좋

다. 정보제공 문서를 작성할 때는 목적과 대상을 명확히하고 신속하고 정확한 정보를 표기하며 시각적 자료로 쉽게 읽을 수 있게 해야한다. 또한 내용은 논리적으로 잘 구조화시켜야 하며 표현은 간결하고 명확해야 한다.

③ 명령이나 지시가 필요한 경우: 명령이나 지시를 담는 문서는 기업의 관련 부서, 외부 기업이나 기관, 협력사 등에 시행이 필요한 명령이나 지시를 내리는데 사용된다. 공식적인 업무 지시서를 사용하여 정확하고 구체적인 지침 사항을 제공해야 한다. 업무 지시서는 협조나 요청을 구하는 문서가 아니고 즉각 실행이 필요한 업무이므로 정확성과 구체성이 매우 중요하다. 업무 지시서를 작성 할 때는 명확하고 정확한 제목, 목적, 배경을 설명하고 구체적인 지시 내용을 기술하여 수신자의 오해가 없도록 한다. 또한 실행 요구사항을 기술하여 즉각 또는 기한 중 실행되도록 명시하고 공식적이고 권위있는 어조를 사용하고 책임자를 명기하여 작성한다. 이를 통해서 정확한 명령을 상황에 맞게 전달하고 효과적인 업무 지시가 이루어지도록 한다.

④ 제안이나 기획을 하는 경우: 제안서나 기획서는 기업에서 새로운 업무를 추진하거나 기존의 업무를 혁신적으로 개선하는데 사용되는 문서로 매우 구체적인 방법과 기대되는 결과를 제시하는 문서이다. 기업은 새로운 사업 프로젝트나 계획, 전략 수립을 할 때 제안서나 기획서를 작성하게 되며, 과거,

현재, 미래의 사항을 명확히 분석하고 정리하고 새로운 계획을 제시하여 미래 혁신 업무를 통해 회사를 성장시키는데 기여한다. 따라서 제안서나 기획서는 관련된 내용을 정확히 분석하여 실행 방안을 깊이 있게 다루고 여러 증거에 기반해 작성해야 한다. 따라서 제안서나 기획서는 명확한 목적이 명시되고 현황 분석과 문제점을 찾아 기술하고 이를 구체적으로 해결하고 새로운 방향을 제시하여야 한다. 이에 따라 적절한 추진체계를 수립하고 예산 및 행정적 지원방안을 기술하며 이를 통해 시행되었을 경우 예측되는 기대효과 및 성과를 기술하여야 한다. 이를 통해서 조직의 혁신과 성과를 높이는데 기여하게 된다.

⑤ 약속이나 추천을 위한 경우: 약속이나 추천을 위한 문서는 기업의 특정 목적을 달성하기 위해서 사용되는 문서이다. 협력업체나 고객, 소비사에게 필요에 의한 정보를 제공하거나 조직 또는 개인의 능력을 인정받는데 사용된다. 특히 추천서는 개인이 직장의 부서 이동이나 타 업체 이동 등에 사용되는 문서로 동료나 상사가 작성할 수 있다. 문서 작성시에는 구직자가 직장에서 수행한 구체적 직무에 대해서 기술하고 이에 대한 전문성, 역량, 책임성 등에 대해서 기술한다. 따라서 약속이나 추천을 위한 문서는 명확한 제목과 목적을 작성하고 대상에 맞게 알맞은 구성을 가지고 있어야 하며 구체적인 사실에 기반하여 객관적인 정보를 제공해야 한다. 또한 공식

적이고 전문적 어조를 사용하여야 신뢰도를 높일 수 있고 필요한 기타 추가 정보를 제공하므로서 상다의 판단을 도와야 한다.

나) 종류에 따른 문서 작성법

공문서나 설명서, 기획서 등을 작성할 때는 기업이나 기관에서 사용하는 고유의 문서 양식을 사용한다. 고유의 양식을 기본 틀로 하고 상황에 따라 내용의 형식은 적절하게 수정하여 사용한다. 만약 고유 양식이 없다면 일반적으로 많이 사용되는 표준적 양식을 사용하여 작성하면 된다.

① 공문서: 공문서는 기업 내외부로 전달되는 공식적인 문서이다. 따라서 정확성과 명확성이 가장 중요하다. 공문서는 기본적으로 누가? 언제? 어디서? 무엇을? 어떻게? 왜?의 육하원칙에 따라 정확하고 명확히 작성하여야 한다. 이를 통해서 업무의 정확성 향상, 투명성 및 책임성을 높인다. 기업 및 기관 공식 양식을 사용하거나 없을 경우 표준 양식 문서를 이용하여 작성한다.

- 명확한 제목 사용
- 수신자 및 발신저 정보를 정확하게 기재
- 작성 일자를 연도와 월일까지 정확히 기입
- 문서 목적과 배경을 기술

- 공식적이고 전문적인 어조 사용
- 첨부 파일 및 참고, 정보 자료 전달
- 마무리 문구 사용
- 한 장에 담아내는 것이 원칙
- 복잡한 내용은 구성

② 설명서: 설명서는 제품이나 서비스에 대한 설명이나 정보를 기업 또는 소비자 등에게 전달하기 위한 문서이다. 설명서는 평서형 어조를 사용하여 작성한다. 읽기 편하고 이해가 쉽게 논리적이고 간결하게 작성한다. 전문적인 용어는 피하고 복잡한 내용이나 어려운 내용은 그림이나 도표를 활용해서 작성한다.

- 평서형 문체 사용
- 명확하고 논리적이며 간결하게 내용 전달
- 어려운 용어 자제, 전문적 용어 최소화
- 다양한 표나 그림의 시각적 자료 활용
- 문장의 다양성 유지, 흥미성 유발
- 구조화, 체계화된 내용으로 구성

③ 기획서: 특정 프로젝트나 새로운 사업을 계획하고 실행하기 위해 작성되는 문서이다. 기획서는 상대방이 수용할 수 있도

록 명확하고 체계적으로 작성하여 설득력을 높여야 한다. 특히 어렵고 복잡한 내용은 도표로 시각화하여 이해를 도와준다. 계획이 실행될 경우 기대되는 효과와 성과를 충분한 근거로 제시하는 것이 중요하다.

〈기획서 내용 작성시 유의사항〉

- 내용이 한눈에 파악되도록 체계적으로 목차를 구성한다.
- 핵심 내용의 표현에 신경을 써야 한다.
- 효과적인 내용 전달을 위해 내용과 적합한 표나 그래프를 활용하여 시각화하도록 한다.

〈기획서 제출시 유의사항〉

- 충분한 검토를 한 후 제출하도록 한다.
- 인용한 자료의 출처가 정확한지 확인한다.

④ 보고서: 기업 업무에 대한 진행 상황, 결과, 피드백, 개선 사항 등을 작성하여 동료, 상사, 상급 부서 등에 제출하기 위해서 작성되는 문서이다. 보고서는 충분한 성과를 기반으로 어떻게 작성되는가에 따라 개인의 능력을 평가하는 잣대로 사용될 수 있다. 따라서 보고서는 정확성, 간결성, 시각화 등 시도하여 잘 이해할 수 있게 작성되어야 한다.

〈보고서 내용 작성시 유의사항〉

- 직무 진행과정에 대한 핵심내용을 구체적으로 제시하도록 작성한다.
- 간결하게 작성한다(내용 중복을 피한다)
- 복잡한 내용일 때에는 도표나 그림을 활용한다.

〈보고서 제출시 유의 사항〉

- 보고서는 개인의 능력을 평가하는 기본 요인이므로 제출하기 저에 반드시 최종 점검을 한다.
- 보고자료는 정확하게 제시한다.
- 보고서 관련 예상 질문을 사전에 추출해보고 답을 미리 준비한다.
- 인용한 자료의 출처가 정확한지 확인한다.

직장생활에서 문서 작성은 형식과 절차가 중요하다. 특히 공문서 같은 경우 형식과 구조, 체계를 정확히 지켜야 하며 내용을 명확하고 체계적으로 작성해야 한다. 기업이나 기관이 사용하는 양식이 있으므로 이를 잘 준수해야 한다.

설명서는 독자가 쉽고 이해하기 쉽게 작성되어야 하므로 명확하고 논리적이며 간결하게 작성하고 시각적 자료를 활용하는게 좋다. 기획서는 새로운 프로젝트를 수행하기 위해서 충분한 선행 분석과 함께 목적과 목표 그리고 이를 달성하기 위한 전략과 세부 계획이 체계적으로 한눈에 보일 수 있게 작성하는게 필요하다. 여러 종류의 문서를 다루어야 하는 구직자는 각 문서의 종류에 따른 형식과 각 문서의 특징에 맞는 작성법을 잘 숙지하고 훈련해야 한다.

다) 문서 작성의 원칙

문서 작성은 직장 내 업무 효율성과 전문성을 높이는데 중요하다. 이를 위해서 문장 구성과 주의해야할 사항을 잘 숙지할 필요가 있다.

- 간단한 표제 사용: 문서의 내용을 한 눈에 파악 할 수 있도록 간단한 표제를 붙이면 이해가 쉽다.
- 문서 주요 내용을 먼저 제시: 업무 문서는 핵심 사항이나 결론을 먼저 두괄식으로 제시하여 내용을 빠르게 이해시킨다.
- 짧고 간결한 문장 사용: 문장은 육하원칙에 따라 짧고 간결하게 작성한다.
  - 불필요한 문장과 한자 등은 사용을 자제한다.
  - 행과 단락을 분배하여 체계적으로 작성한다.
- 긍정문 사용: 공문서는 부정문이나 의문문의 형식은 피하고, 긍정문으로 작성하여 명확하고 확실한 메시지를 전달한다.
- 정확한 작성 시기: 문서 작성 일자를 정확히 기재하여 시의성을 높인다.

- 충분한 내용 검토 : 기업에서 문서는 공식적인 문서로 충분한 검토로 문법, 숫자 오류 등이 없도록 한다.
- 필요한 첨부 자료만 제공 : 문서 이해를 돕는 첨부 자료는 반드시 필요한 것만 제공한다.
- 금액, 수량 일자 등 명확히 기재 : 문서에서 숫자는 매우 중요한 의미를 가지므로 정확히 기재하고 충분히 검토한다.

위의 원칙들을 준수하여 작성된 문서는 업무의 책임성, 투명성을 높일 수 있다. 또한 작성자와 수신자 간의 신뢰를 구축하는데 중요한 역할을 한다. 따라서 구직자는 문서 작성의 원칙을 기억하고 작성하여야 하며, 충분한 훈련과 실천 노력이 필요하다.

3) 효과적 문서작성

문서는 내용뿐만 아니라 문서가 전달하고자 하는 내용을 효과적으로 수신자에게 잘 전달하는 것도 중요하다. 직업에서 업무를 수행하는 데 있어서 문서는 큰 비중을 차지한다. 그럼에도 불구하고 잘못 작성된 문서는 내용을 파악하기 어렵게 만들어 혼선을 초래하기도 한다. 이를 해결하기 위해서 글만 나열하는 방식만 사용하는 게 아니라 어려운 부분은 논리적이면서 시각적 요소를 잘 활용하여 전달하는 것이 필요하다. 표나 도표, 그림과 같은 것을 이용하여 시각화된 문서는 수신자들의 이해도를 높여 문서 핵심을 정확하고 빠르게 전달하는데 도움을 준다.

[문서표현의 시각화]

① 차트 시각화

- 데이터정보를 쉽게 이해할 수 있도록 시각적으로 표현한다.
- 주로 통계 수치 등을 도표(graph)나 차트(chart)를 통해 명확하고 효과적으로 전달한다.
- 막대그래프, 원형 그래프, 선 그패프 등을 활용한다.

② 다이어그램 시각화

- 개념이나 주제 등 중요한 정보를 도형, 선, 화살표 등 여러 상징을 사용하여 시각적으로 표현한다.
- 플로우차트, 조직도, 다이어그램 등을 활용하여 관계를 명확히 표현한다.

③ 이미지시각화

- 전달하고자 하는 내용을 그림이나 사진 등으로 나타낸다.
- 제품 사진, 인포그래픽, 아이콘 등을 이용해 이해도 및 흥미도를 높인다.

이러한 시각화는 텍스트만으로 모든 것을 전달하기 어려운 정보의 복잡한 내용을 쉽게 이해시켜 독자가 빠르게 내용을 파악할 수 있게 해주며, 정보의 관계를 시각적으로 표현하므로서 논리적 구조를 쉽게 파악하게 만든다. 이렇게 작성된 문서는 문서에 대한 독자 이해도를 높일 뿐만 아니라 독자의 기억에 오래 남길 수 있다. 또한 독자의 흥미를 유발시켜 내용을 충실하기 읽도록 유도한다. 따라서 시각화 할 때, 정보의 성격, 독자 이해 수준, 문서 목적 등을 충분히 고려하여야 한다. 이를 통해 문서의 완성도를 높여 업무 효율성을 극대화하고 조직 내외 소통을 원활하게 할 수 있다.

4 경청

경청능력은 타인의 말을 주의 깊게 듣고 공감할 줄 아는 능력으로 직장 생활에서 구성원 간에 원만한 관계를 유지하고 소통하는 능력으로 조직 분위기 개선, 몰입도 향상, 성과향상을 이끌어내는데 중요한 능력이다. 특히 경청능력은 직장인이 갖추어야할 가장 기본적인 요소이다. 경청은 그냥 대화를 주고 받는 것이 아니라 상대방의 의도를 파악하고 공감하며 자신의 의도를 충분히 전달할 줄 아는 능력을 의미한다. 이를 통해서 구성원 사이의 신뢰를 쌓는 게 가능해진다. 경청은 정보와 지식을 확장하는데 중요하다.

경청으로 직장 내외에서 만들어지는 정보와 아이디어, 지혜, 상식, 뉴스, 일상 등을 습득할 수 있다. 경청은 구성원간 대화에서 신뢰를 쌓는 최고의 방법으로 조직 신뢰성 향상에 도움이 된다. 경청은 상대방에 대한 그리고 상대방의 말을 더욱 집중하여 듣는 태도로 상대방으로 하여금 심리적 존중감 효과를 가지게 만든다. 경청은 현장에서 오고 가는 소리를 듣게 해주고 이를 바탕으로 현장의 문제를 파악하고 해결하여 조직의 업무 성과를 높여 준다.

이를 위해서는 경청을 실천하는 것이 매우 중요하다. 상대방이 하는 말에 집중하여 듣고 건성으로 듣지 않아야 하고 상대방이 말하는 동안 상대의 감정과 입장을 충분히 이해하고 공감한 상태에서 들어야 한다. 그리고 상대방의 말을 잘 듣고 있고 이해하고 있음을 알리는 적절한 응답이나 질문을 던지는 것이 필요하고 상대방에 대한 내용에 대해 이해가 잘 안될 경우 상대의 말을 요약하고 반복하여 재 확인하므로서 충분이 이해하도록 노력해야 한다.

경청은 구성원 간 긍정적 심리적 효과를 제공하여 기업의 업무 성과를 향상시키는데 도움된다. 상대방에 대해 집중하여 듣는 경청의 태도는 화자가 안도감을 느끼게 만들고 무의식적 믿음을 심어주는 효과를 가진다. 학생은 수업 시간에 선생님 이야기를 잘 들어야 하고, 비즈니스맨은 거래처의 이야기를 귀담아들어야 하며, 외교관은 주재국 당사자들의 이야기를 주의 깊게 경청하여야 한다. 맡은 바 임무를 착실히 수행하려면 무엇보다 우선 현장의 소리를 성실하게 듣고 대책을 강구하는 것이 좋은 방법이라 할 수 있다. 이와 같이 경청은 대화를 넘는 의사소통의 핵심적은 능력, 역량으로 구성원 간에 말을 주의 깊게 들으며 이해하고 공감하는 과정이라 할 수 있다. 경청은 조직의 문제를 해결하는데 필수적 요소이다. 직장에서 업무로 인한 갈등을 해소하는데도 중요하게 작용한다. 자기 말을 경청해주는 사람을 싫어하는 사람은 세상에 존재하지 않는다는 것을 상기하자.

1) 경청의 의미

경청은 단순히 상대방의 말을 듣는 것을 넘어서 상대방이 전달하고자 하는 의도를 주의 깊게 듣고 이해하고 공감하는 과정을 통틀어 말하는 과정이다. 경청의 태도가 갖추어진 사람은 상대방의 말과 음성, 목소리의 톤, 강조, 빠르기, 얼굴의 표정, 몸짓, 자세 등 언어적 및 비언어적 요소까지 모두 듣고 관찰한다. 이를 통해서 상대방이 전달하고자 하는 메시지를 정확하게 이해하고 대응한다. 경청의 핵심요소는 상대방이 전달하는 메시지, 말의 내용에 집중하고 정확히 이해하려고 노력하는 이해력와 공감력과 목소리의 톤과 어조, 얼굴 표정과 몸짓 등을 주의깊게 관찰하여 상대방의 감정과 의도를 파악하는 비언어적 단서 포착능력, 상대방 입장에서 전달하고자하는 메시지에 집중하고 공감하는 능력들이다. 경청은 상대방이 편안하고 안정되게 안도할 수 있도록 하며 이를 통해서 상호 간에 믿음을 형성시키므로서 신뢰를 쌓는데 훌륭한 도구가 된다. 그리고 청자가 경청의 태도가 있으면 화자도 경청의 태도를 갖추게 만들어 주어 상호 간의 소통 집중도를 높여 준다.

따라서 직장내 구성원 간에 말과 메시지, 감정, 처지 등을 더욱 효과적으로 이해하고 공감하며 상호 전달이 가능해진다. 또한 경청은 상대방에게 안도감을 느끼게 하고 상호간 믿음, 신뢰를 제공하며 상대방과 자신의 대화에 더욱 집중하게 하는 심리적 효과도 경청으로 얻을 수 있다. 따라서 직장인은 경청능력을 개발하기 위해서 지속적으로 노력하고 개발해야 하며 이 능력을 직장

생활과 업무에 적극적으로 활용하여야 한다. 이를 통해 조직내 업무 효율성을 향상시킴과 동시에 자신의 조직 내 대인관계를 좋은 방향으로 가져가고 개인뿐만 아니라 조직의 성과를 극대화시켜야 한다.

2) 경청의 중요성

경청은 말과 대화를 주고 받는 의사소통의 과정에서 화자와 청자 사이의 말에 집중하고 상호간에 개방적인 태도로 소통하는 것을 촉진하는 중요한 능력이다. 의사소통은 단순히 말을 하는 것이 아니라 상대방과 상호작용을 통해 메시지 속에 담긴 진정한 의미를 공유하는 것이다. 따라서 의사소통을 성공하기 위해서 자신의 의사와 메시지를 정확하게 전달하는 것도 필요하지만 이것을 상대방이 어떻게 받아들이지 고려하는 것도 필수이다. 이러한 상호작용 관점에서 경청은 의사소통의 기본적 요소가 된다. 다음은 경청의 3가지 중요성을 요약한 것이다.

① 상대방을 한 개인으로 존중하게 된다.

경청은 상호간 인간 존중의 태도를 보여주며, 상호간의 감정과 생각, 말과 행동을 평가하거나 비난하지 않고 그대로 받아들이고 그 속의 깊은 의미를 찾아낸다. 경청의 태도가 갖추어진 사람은 상대방의 대화를 주의 깊게 듣고 그들을 이해하고 공감하려고 노력한다.

② 상대방을 성실한 마음으로 대하게 된다.

경청은 상대방과의 관계에서 느낀 감정과 생각을 솔직하고 성실하게 표현하는 태도를 가지게 해 준다. 긍정적 요소 또는 부정적 요소이든 간에 감정을 솔직하게 표현하여 상호 간에 깊은 소통을 가능하게 만든다. 경청의 태도를 갖춘 사람은 상대방 말에 공감하고 자신의 생각도 솔직하게 건넬 줄 안다.

③ 상대방의 입장에 공감하며 이해하게 된다.

경청은 상호 간의 선입견이나 편견을 버리고 상호 간의 입장에서 공감하고 이해하는 태도를 보여 준다. 이를 통해서 상호 간에 서로 이해 받고 있다는 느낌을 가지게 만든다. 경청의 태도가 갖추어진 사람은 대화 중에 이해하고 공감한다는 표현을 통해 상호간 신뢰를 쌓을 수 있다.

경청은 상호간에 안도감과 믿음, 신뢰를 주며 상호의 관계를 긍적적으로 쌓아갈 수 있게 하고, 상호 간에 말을 경청하므로서 화자, 청자 모두 더 솔직하게 개방적으로 소통하게 만든다. 결과적으로 화자와 청자의 입장을 서로 이해하게 되므로 복잡하게 얽힌 문제들을 효과적으로 해결하는데 도움을 준다.

따라서 직장인은 경청능력을 지속적으로 익히고 이를 적극 업무에서 활용하도록 노력할 필요가 있다.

• **성공한 사람들은 경청의 중요성에 대하여 강조한다.**

"내가 만일 경청의 습관을갖지 못했다면, 나는 그 누구도 설득하지 못 했을 것이다." -피터 드러커

"성공하는 사람과 그렇지 못한 사람의 대화 습관에는 뚜렷한 차이가 있다. 그 차이점이 무엇인지 단 하나만 꼽으라고 한다면, 나는 주저 없이 "경청하는 습관"을 들 것이다. 우리는 지금껏 말하기, 읽기, 쓰기에만 골몰해 왔다. 하지만 정작 우리의 감성을 지배하는 것은 '귀'다. 경청이 얼마나 주요한 능력인지, 그리고 우리가 어떻게 경청의 힘을 획득할 수있는지 알아야 한다."

- 스티븐 코비의 「성공하는 사람의 7가지 습관」

"20세기가 말하는 자의 시대였다면, 21세기는 경청하는 리더의 시대가 될 것이다. 경청의 힘은 신비롭기까지 하다. 말하지 않아도, 아니 말하는 것보다 더 매혹적으로 사람의 마음을사로 잡기 때문이다."

- 톰 피터스의 「초우량기업의 조건」과 「미래를 경영하라」

"선마이크로시스템에서 주는 월급의 40퍼센트는 경청의 대가이다." - 스콧 맥닐리, 선마이크로시스템의 창업자이자 CEO

"커뮤니케이션을 지배하는 진정한 힘은 입이 아니라 귀에서 나온다. 이제 리더라면 누구나 자신의 책상 앞에 이런 문구를붙여야할 것이다. '경청하라!'" - 조엘 막스, 코비전 미디어 부회장

3) 경청의 종류와 훈련

직업생활에서 직장 내, 외 구성원과 고객과의 효과적인 소통은 업무 효율성 향상과 고객 만족에 중요한 역할을 한다. 구성원과 고객들의 말에 집중하여 귀를 기울이고 공감하는 사람은 큰 만족감을 주고 이것은 결과적으로 개인에게 또는 조직에게 큰 성과를 가져오게 만든다. 직장인이라면 경청의 기술을 익히는 것을 적극 고려해야 한다. 아래에 경청의 어떤 것을 지속적으로 훈련할지 고민해 보자.

가) 경청의 종류

경청은 적극적, 소극적 경청, 공감적 경청, 분석적 경청, 비판적 경청으로 구분할 수 있다.

① 적극적 경청: 적극적 경청은 자신이 상대방의 이야기에 주의를 집중하고 있음을 행동을 통해 외적으로 표현하며 듣는 것을 의미한다. 상대방의 말 중 이해가 안되는 부분을 질문하거나 자신이 이해한 내용을 확인하기 도하고 때로는 상대의 발언 내용과 감정에 대해 공감할 수도 있다.

② 소극적 경청: 소극적 경청은 상대방의 이야기에 특별한 반응을 표현하지 않고 수동적으로 듣는 것을 일한다. 즉, 상대방이 하는 말을 중간에 자르거나 다른 화제로 돌리지 않고 상대의 이야기를 수동적으로 따라가는 것을 의미한다.

③ 공감적 경청: 상호 간의 감정과 입장을 이해하고 노력하면서 공감하려는 태도를 말하는 것이다.

④ 분석적 경청: 화자가 하는 말을 분석하여 핵심을 찾아내고 논리적으로 이해하는 경청을 분석적 경청이라 한다. 이를 통해서 화자가 제시한 문제점을 해결하기 위한 방안을 제시하여 소통을 더욱 촉진할 수 있다.

⑤ 비판적 경청: 상대방 화자의 말을 비판적으로 듣고 그 내용의 타당성을 객관적으로 평가하는 것으로 단순히 비난이 아닌 객관적 사실에 근거하여 타당한 평가와 함께 대안을 제시하는 것이다.

나) 경청 훈련

대화는 말을 하는 것과 말을 듣는 것으로 이루어진다. 상호 간에 대화를 하는 중에 상대방의 반응에 따라 화자, 청자의 감정은 크게 바뀔 수 있다. 상대방이 나의 말에 집중하고 이해하는 경청의 태도를 보여준다면 긍정적인 감정을 느끼게 된다. 반대로 경청의 태도가 없이 대안 없는 비판, 비난만 한다면 상대방에 대한 감정은 나쁘게 되며, 업무는 더 이상 진척되기 어렵게 된다.

이와 같이 경청의 태도를 가진 사람에 대해서는 고마우면서도 기쁜 마음을 가지게 되고 그렇지 않은 사람에 대해서는 나쁜 감정을 가지게 된다. 따라서 상대방에게 호감을 얻는 첫 번째 조건은 좋은 청자가 되는 것이다. 좋은 청자가 되는데는 몇가지 훈련이 요구된다. 먼저 상호간 마음을 편안하게 만들고 유지해면서 상대방의 말에 집중하는 훈련을 해야 한다. 이때 고개를 끄덕이거나 맞장구를 치는 등 상대방에게 집중하고 있다는 것을 표현하고 부족하거나 이해가 잘되지 않은 부분은 질문을 하여 정확한 내용을 파악해야 한다. 이러한 기법으로 상대방과 부드럽고 긍정적 대화를 계속 이끌어 나갈 수 있다. 이러한 것은 평소 꾸준히 노력해야 몸에 베일 수 있으므로 내 주변 사람의 대화에서부터 훈련을 시작하자. 대화법을 통한 경청 훈련은 직장에서 뿐만 아니라 가족, 친구 등 모든 인간관계에서 적용될 수 있다. 단순히 듣는 것을 넘어서 이해, 공감, 신뢰를 쌓고 소통의 관계를 깊게 만드는 기술이다. 따라서 직장생활 뿐만 아니라 일상생활에서도 경청 훈련을 꾸준히 연습하고 실행하도록 하자.

① 주의 기울이기(바라보기, 듣기, 따라하기)

배우자의 이야기에 주의를 기울일 때는 몸과 마음을 모두 집중해야 한다. 이는 상대방에게 진정한 관심을 보여주는 가장 기본적이면서도 중요한 행동이다. 따라서 산만한 행동을 중단하고, 상대방의 비언어적 신호에 세심히 주의를 기울여야 한다. 이는 상대방의 얼굴 표정, 몸짓, 호흡의 리듬까지도 관찰하는 것을 포함한다.

또한, 상대방의 말을 들을 때는 단순히 내용만이 아니라 어조, 억양, 소리의 크기 등 말투의 미세한 변화까지도 귀를 기울여야 한다. 이러한 세부적인 요소들은 상대방의 감정과 의도를 더 깊이 이해하는 데 중요한 단서가 된다. 이처럼 몸과 마음을 다해 경청하는 태도는 상대방에게 안정감과 신뢰를 주며, 대화의 질을 한층 높이는 데 기여한다.

② 상대방의 경험을 인정하고 더 많은 정보 요청하기

다른 사람의 메시지를 인정하는 것은 상대방과 함께하며 그가 이끄는 방향으로 나아가고 있음을 언어적, 비언어적 표현을 통해 전달하는 반응이다. 이는 단순히 상대방의 말을 듣는 것을 넘어, 그들의 경험과 의견을 존중하고 이해하려는 태도를 보여주는 것이다. 상대방의 말에 관심과 존경을 표현하면, 비록 그들의 주장에 완전히 동의하지 않더라도 그들이 어떤 경험을 했는지, 어떤 생각을 가지고 있는지 더 깊이 이해할 수 있다.

또한, 상대방에게 더 많은 정보를 요청하는 것은 부드러운 지시나 진술, 질문의 형태로 이루어질 수 있다. 이는 상대방이 자신의 생각과 경험을 더 자유롭게 표현하도록 유도하는 효과적인 방법이다. 예를 들어, "그 부분에 대해 좀 더 자세히 말씀해 주실 수 있나요?"와 같은 질문은 상대방이 더 많은 이야기를 나누도록 격려한다. 이러한 접근 방식은 대화를 더 풍부하게 만들고, 상호 이해를 깊게 하는 데 큰 도움이 된다.

결론적으로, 상대방의 경험을 인정하고 더 많은 정보를 요청하는 것은 대화의 질을 높이는 중요한 기술이다. 이를 통해 상대방은 자신의 이야기가 소중히 여겨진다는 느낌을 받으며, 더 솔직하고 개방적으로 소통할 수 있게 된다. 이러한 태도는 단순한 대화를 넘어, 신뢰와 공감을 바탕으로 한 의미 있는 관계를 형성하는 데 기여한다.

③ 정확성을 위해 요약하기

요약 기술은 화자에 대해 청자가 정확하게 이해했는지 확인하는데 도움을 주고 상호 간에 메시지를 공유하여 이해하는데 중요하다. 요약은 화자의 말을 청자의 언어로 재구성하고 다시 전달하는 것으로 대화 사이에 오해를 없애는데 효과적이다. 물론, 요약을 전달 할 때 근거없이 비판하거나 돌려 표현하는 것은 좋지 않고 청자가 정확히 이해했는가를 확인할 수 있는 요약을 다시 돌려주고 확인하는 것이다. 예를 들어, 화자의 이야기를 듣고 그 요점을 청자가 말로 표현하거나 쪽지 등을 전달하여 그 내용을 정확히 이해하고 공감하였는지 알아보는데 사용할 수 있다.

• 반복 표현: "어제 A부서와 예산 문제로 언쟁이 있었고, 그로 인해 기분을 상했군요." 이는 상대방의 감정과 상황을 정확히 이해했음을 보여주는 동시에, 상대방에게 자신의 말이 제대로 전달되었는지 확인하는 기회를 제공한다.
• 질문 표현: "지금 업무 분담을 제안하셨는데, 분담 방법은 아직 결정 못했군요. 같이 의논해 보는건 어떨까요?"이는 상대방의 의도를 정확히 이해하기 위한 질문으로, 대화의 방향을 조율하고 추가적인 정보를 이끌어내는 데 유용하다.

이처럼 요약은 상대방의 말을 단순히 번복하는 것이 아니라, 화자의 메시지를 정리하고 확인함으로써 대화의 질을 높이는 것이다. 이를 통해 상호 간에 이해와 소통을 증진시키고 오해를 줄여 더 효율적인 소통이 가능해진다. 따라서 직장 대화나 일상 대화에서 요약 기술을 적극 활용하여 더 원활한 소통으로 더 나은 관계, 성과를 창출하는 활용하자

④ 개방적인 질문하기

개방적인 질문은 '누가, 무엇을, 어디에서, 언제, 어떻게, 왜?'와 같은 6하 원칙에 따른 어휘로 질문한다. 단순한 단답형 질문은 상대방에 대해 더많은 생각과 이해, 더 많은 정보를 얻을 수 있게 해 준다. 개방적인 질문으로 상대방에게 객관적인 정보를 얻을 수 있지만 상대방의 감정을 깊이 알아낼 수 있다. 서로를 이

해하는데 도움이 되는 질문법이라 할 수 있다.

개방적 질문은 예를 들어, 다음과 같이 할 수 있다.

“다음 주 월요일 업무 계획에 대해서 말씀해 주시겠어요?”

“부서를 옮기는 것에 대해 어떤 생각을 가지고 계신가요?”

또한, 명확하지 않거나 혼란스러운 정보를 정리하거나, 인정 또는 사과의 정확성을 검토하기 위해 다음과 같은 질문을 활용할 수 있다.

“기운이 없어 보이시는데, 무슨 일이 있으신가요?”

“어제 회의에서 제가 잘못한 것 같습니다. 정말 화가 나셨나요? 어떤 점이 불편하셨는지 말씀해 주실 수 있습니까?”

하지만 질문에서 ‘왜’라는 질문은 피하는게 좋다. ‘왜’라는 질문은 종종 부정적, 추궁적, 강압적인 느낌을 줄 수 있으므로 사용을 자제하는 것이 좋다.

“왜요?”

“왜 전화했어요?”

“왜 제가 하라는 대로 안했죠?”

이러한 질문은 상대방에게 방어적 태도를 취하게 만든다. 상대방은 나를 비난하거나 공격적 의도를 가진 사람으로 생각하여 자신을 열어 소통하지 못하게 된다. 또는 감정적 손상으로 노골적으로 부정적 소통에 빠질 수도 있다. 따라서 개방적이고 공감적인 질문을 건네는 것이 중요한 관건이다.

결과적으로 개방적인 질문은 화자의 생각과 감정을 더 깊이 이해하고 서로 간에 대화를 깊고 풍부하게 만드는 기술이다. 이를 통해서 상호 소통을 증진시키고 효과적인 소통을 이끌어 낼 수 있다. 이와 반대로 단단형의 질문들, "왜"와 같은 질문은 부정적 느낌을 줄 수 있다. 이러한 질문보다 공감적이고 개방적인 질문으로 대화의 질을 높이는게 좋다. 개방적 질문으로 직장 내 업무 및 일상 대화에서 더 원활한 의사소통 체계를 만들고 기업의 성과를 높이기 위해 노력하자.

4) 경청의 방해 요인

우리가 적극적 경청을 하기 위해서 갖추어야할 태도가 있는 반면 반대로 어떤 태도는 경청을 방해할 수도 있다. 경청에 방해가 되는 태도가 어떤 것인지 알면 보다 나은 경청 능력을 얻을 수 있으므로 방해 요인들을 살펴보고 우리의 태도를 수정, 보완하도록 하자.

가) 짐작하기

상대방 말을 이해하기보다는, 자기 생각만 생각하고 자기 말에 맞는 단서만 찾아내는 태도는 소통을 단절시킬 수 있다. 이러한 사람들은 상대방의 모습에 지나치게 민감하여 표정이나 어조, 목소리 톤 등에 집중하고 핵심 내용을 파악하지 못한다. 불필요하게 감정적이거나 부정적인 반응으로 일관하여 상대방 말을 무시하고 결국 자기의 생각만 옳다고 되풀이 한다. 예를 들면, 남편이 "당신은 다른 사람보다 훨씬 젊어 보입니다"라고 하면 남편의 말 의미에 집중하지 않고 표정이나 말투에 민감하게 반응하면서 "이 사람이 나를 비꼬는 것 같은데, 내가 늙었다고 말하는 거지?"라고 반응 한다던지 또는 "남편에게 딴 여자가 생겼나?"라고 지례 짐작하여 대화의 논점을 완벽하게 비켜간다. 이러한 태도를 가진 사람은 상대방의 말과 의도를 왜곡하고 오해를 불러일으킨다. 직장에서 이런 사람은 타인에게 영향을 미쳐 부정적 소통 구조를 만들어 직장 생활을 어렵게 만든다.

나) 대답할 말 준비하기

화자가 말을 하고 있는데 다음에 할 말에 대해서 준비하는데 집중하다보니 화자의 말을 제대로 안듣는 태도를 말한다. 이는 청자가 자기의 생각에 빠져서 상대방 이야기를 제대로 못 들어 적절한 대응을 하지 못하게 만든다. 예를 들어, 상대방이 업무 추진에 대한 문제를 설명하는 동안, 청자가 어떻게 답변해야 할지만 생각하다 보니 상대방이 하는 말의 핵심을 놓쳐 대화의 흐름이 끊어지고 상대방에게 무시당했다는 느낌을 받을 수 있다.

다) 걸러내기

화자의 말을 듣고는 있는데, 화자가 말하는 핵심 메시지의 의미를 온전히 받아들이지 않고 선택적으로 걸러내거나 자기에게 필요한 말만 받아들이는 태도이다. 특히 상대방이 여러 가지 부정적 감정을 표현할 때, 공감이나 인정보다는 비난과 비판, 무시, 회피하는 태도들을 말한다. 예를 들어, 상대방 화자가 직장에서 스트레스에 대해서 토로하는 중에 “그 정도는 별거 아니지요? 우리 부서는 더 합니다”라고 말하여 상대방의 어려움과 스트레스를 축소, 무시해 버리는 경우가 해당 된다. 이러한 태도는 상대방을 무시하는 태도이며 대화와 소통의 신뢰를 얻지 못한다. 이러한 부류의 사람들은 형식적인 말만 오고 갈 뿐 직장내의 깊은 속 사정에 대해서는 소통이 어려운 사람이 될 수 있다.

라) 다른 생각하기

상대방의 말에 집중하지 못하고, 자꾸 다른 생각을 하며 대화에서 멀어지는 태도이다. 이는 상대방에게 무관심을 보이는 행위로, 대화의 의미를 퇴색시킨다.

예를 들어, 남편이 아내의 취미 클럽 활동에 대해 이야기할 때, 남편은 아내의 열정적인 설명을 들으면서도 마음속으로는 “이런 취미는 시간 낭비야"라고 생각하며 다른 생각에 빠져 있을 수 있다. 이러한 태도는 상대방에게 무시당한다는 느낌을 주고, 관계에 부정적인 영향을 미칠 수 있다.

마) 조언하기

어떤 사람들은 상대방의 문제를 자신이 해결해주려는 욕구가 지나치게 강하다. 이는 상대방의 말을 끝까지 듣지 않고 조언을 하려고 끼어드는 형태로 나타난다. 상대방이 마음을 털어놓고 이야기하고 싶어도, 조언을 하려는 당신의 욕구 때문에 그들의 소박한 바람이 좌절될 수 있다. 상대방은 단순히 이야기를 들어주는 것만으로도 스스로 생각을 정리하고, 해결책을 찾아낼 수 있다. 그러나 조언을 너무 빨리 하거나 지나치게 많이 하면, 상대방은 자신의 감정과 생각이 무시당했다고 느끼게 된다.

예를 들어, 남편이 직장에서의 좌절과 낙담을 아내에게 털어놓았을 때, 아내가 "당신은 윗사람 다루는 기술이 필요해요. 성격에도 문제가 있어서 성격 개선 프로그램에 참여해보세요."라고 즉각적으로 조언을 퍼붓는다면, 남편은 자신의 감정이 공감받지 못했다고 느낄 것이다. 남편이 진정으로 원했던 것은 공감과 위로였지만, 조언은 그 욕구를 좌절시킨다. 이러한 대화가 반복되면, 상대방은 무시당하고 이해받지 못한다는 느낌을 받게 되어 점차 마음의 문을 닫아버리게 된다. 따라서 조언을 하기 전에 상대방의 말을 끝까지 듣고, 그들의 감정을 공감하며, 해결책을 함께 고민하는 태도가 중요하다. 조언 대신 공감과 경청의 중요성의 예들은 다음과 같다.

- 공감하기: 상대방의 감정을 이해하고 공감하는 것이 우선이다. 예: "직장에서 힘들었겠네요. 정말 스트레스 받으셨을 것 같아요."
- 경청하기: 상대방의 말을 끝까지 듣고, 그들의 입장을 존중한다. 예: "더 자세히 말씀해 주세요. 어떤 점이 가장 힘드셨나요?"
- 함께 고민하기: 해결책을 찾는 과정에 상대방을 참여시킨다. 예: "어떤 방법이 도움이 될까요? 함께 생각해봐요."

이처럼 조언은 상대방의 문제를 해결하려는 좋은 의도에서 나오지만, 지나치게 빨리 또는 자주 하면 오히려 상대방의 감정을 무시하는 결과를 초래할 수 있다. 따라서 조언보다는 먼저 상대방의 말을 경청하고, 그들의 감정을 공감하며, 함께 해결책을 고민하는 태도가 더 중요하다. 이를 통해 상대방은 자신의 문제를 스스로 해결할 수 있는 힘을 얻을 수 있으며, 관계의 신뢰도 더욱 강화될 것이다.

바) 언쟁하기

언쟁은 단순히 논쟁을 위해 상대방의 말을 듣는 행동이다. 이는 상대방의 의견을 진심으로 이해하거나 공감하기보다, 자신의 입장을 고수하고 방어하는 데 초점이 맞춰져 있다. 언쟁은 서로 간에 문제가 있는 관계에서 자주 나타나는 전형적인 소통 방식이다. 이런 관계에서는 상대방의 생각을 들을 마음이 없기 때문에, 어떤 이야기를 하더라도 진정으로 귀 기울이지 않는다. 상대방이 어떤 주제를 꺼내든, 그들의 설명은 무시한 채 자신의 생각을 길게 늘어놓는다. 이는 상대방의 의견을 배제하고 오로지 자신의 논리만을 강조하는 태도로, 대화의 본질을 흐리게 만든다. 지나치게 논쟁적인 사람은 상대방의 말을 경청할 능력이 부족하며, 이는 대화를 단순한 논쟁으로 전락시킨다.

예를 들어, 상대방이 직장에서의 스트레스에 대해 이야기할 때, 논쟁적인 사람은 "그건 당신이 문제를 제대로 해결하지 못해서야. 나라면 이렇게 했을 거야."라고 말하며 상대방의 감정을 무시하고 자신의 의견만을 강조한다. 이는 상대방에게 무시당한다는 느낌을 주고, 대화의 목적을 상실하게 만든다.

언쟁의 문제점으로는 상호 이해 부족, 감정적 거리 증가, 문제 해결 불가능이 있으며, 상호 이해 부족은 상대방의 의견을 진정으로 이해하려는 노력이 없어, 대화는 단순한 논쟁으로 끝나는 것이고 감정적 거리감 증가는 상대방은 자신의 말이 무시당한다고 느끼며, 관계에 대한 불신이 커지는 것이다. 마지막으로 문제 해결 불가능은 논쟁은 해결책을 찾는 데 도움이 되지 않으며, 오히려 갈등을 심화시킨다. 따라서 언쟁 대신 대화의 방향을 전환하는 적절한 방법을 사용할 필요가 있다. 대화 방향 전환은 경청과 공감, 상호 존중, 문제 해결에 초점을 두는 것이다. 경청과 공감은 상대방의 말을 진심으로 듣고, 그들의 감정을 공감하는 태도를 갖추는 것이고, 상호 존중은 상대방의 의견을 존중하며, 자신의 생각을 강요하지 않는 것이며, 문제 해결에 초점을 맞추는 것은 논쟁보다는 문제를 해결하기 위해 함께 고민하는 자세를 갖춘는 것이다.

이와 같이 언쟁은 상대방의 말을 진정으로 이해하려는 노력 없이 자신의 입장만을 강조하는 부정적인 소통 방식이다. 이는 상호 이해를 방해하고, 관계의 갈등을 심화시킨다. 따라서 언쟁 대신 경청과 공감, 상호 존중, 문제 해결에 초점을 맞춘 대화를 통해 더 나은 관계를 구축하는 것이 중요하다. 이를 통해 상대방과의 신뢰를 강화하고, 효과적인 문제 해결을 이끌어낼 수 있을 것이다.

사) 자존심 세우기와 슬쩍 넘어가기

자존심이 강한 사람은 자신의 부족한 점이나 약점에 대한 상대방의 말을 받아들이기 어렵다. 이들은 자신이 잘못했다는 사실을 인정하지 않기 위해 거짓말을 하거나, 고함을 지르고, 주제를 바꾸고, 변명을 늘어놓는 등 다양한 방어 기제를 사용한다. 이러한 태도는 상대방의 피드백을 무시하고, 대화의 진정성을 훼손하며, 문제 해결을 어렵게 만든다. 예를 들어, 상대방이 "이번 프로젝트에서 당신의 결정이 문제를 키웠어요."라고 말하면, 자존심이 강한 사람은 "그건 내 잘못이 아니야. 다른 사람들이 더 문제야."라고 변명하며 자신의 실수를 인정하지 않는다. 또한, 대화가 너무 사적이거나 위협적으로 느껴질 때, 일부 사람들은 주제를 바꾸거나 농담으로 슬쩍 넘어가려는 경향이 있다. 이는 문제를 회피하거나 상대방의 부정적 감정을 무시하려는 행동으로, 상대방의 진정한 고민을 놓치게 만든다. 예를 들어, 상대방이 심각한 고민을 털어놓을 때, "그런 건 신경 쓰지 마. 웃으며 넘기자."라고 말하며 농담으로 대화를 마무리하려는 경우가 이에 해당한다. 이러한 태도는 상대방에게 무시당한다는 느낌을 주고, 대화의 깊이를 떨어뜨린다.

문제점은 소통 단절과 문제 해결 방해, 관계의 악화가 있으며 대안은 자기 성찰과 진지한 대화, 문제 해결에 집중하는 태도가 있다. 소통의 단절은 자존심 세우기와 슬쩍 넘어가기는 상대방의 말을 진정으로 듣지 않아 소통을 단절시키는 것이고, 문제 해결 방해는 문제를 회피하거나 무시함으로써 해결책을 찾는 기회를 놓치는 것이며, 관계의 악화는 상대방은 자신의 감정과 의견이 무시당한다고 느끼며, 관계에 대한 불신이 커지는 것이다. 그리고 대안으로서 자기 성찰은 자신의 부족한 점을 인정하고, 상대방의 피드백을 경청하는 태도를 갖추는 것이고 진지한 대화는 사적이거나 위협적인 주제라도 진지하게 받아들이고, 상대방의 감정을 공감하는 것이며, 문제 해결에 집중은 대화의 초점을 문제 해결에 맞추고, 상호 존중하는 태도를 유지하는 것이다.

이와 같이 자존심 세우기와 슬쩍 넘어가기는 상대방의 말을 진정으로 듣지 않고 문제를 회피하는 부정적인 소통 방식이다. 이는 소통의 단절을 초래하고, 문제 해결을 어렵게 하며, 관계를 악화시킬 수 있다. 따라서 자신의 부족한 점을 인정하고, 상대방의 감정을 진지하게 받아들이며, 문제 해결에 집중하는 태도가 중요하다. 이를 통해 상호 이해를 증진하고, 더 나은 관계를 구축할 수 있을 것이다.

아) 판단하기

상대방에 대한 부정적인 판단은 경청을 방해하는 주요 요인 중 하나이다. 상대방을 어리석다거나 고집이 세다, 이기적이다 등으로 미리 판단해버리면, 그들의 말을 진정으로 듣기보다는 자신의 생각을 뒷받침할 증거만 찾으려는 경향이 생긴다. 예를 들어, 상대방이 어떤 문제를 설명할 때, "이 사람은 항상 이렇게 고집을 부리니까"라는 생각이 먼저 들면, 그들의 말을 제대로 듣지 않고 오히려 자신의 편견을 확인하려는 태도를 보이게 된다. 이는 상대방의 의견을 무시하고, 대화의 진정성을 훼손하며, 문제 해결을 어렵게 만든다. 반면, 비위 맞추기는 상대방을 위로하거나 기분을 좋게 하기 위해 너무 빨리 동의하는 행동이다. 이는 겉보기에는 좋은 의도로 시작되지만, 상대방이 걱정이나 불안을 표현하자마자 "그래요, 당신 말이 맞아요" 또는 "미안해요, 앞으로는 안 할게요"라고 즉각적으로 동의하는 것은 상대방의 감정과 생각을 충분히 표현할 기회를 빼앗는 결과를 초래한다. 이는 상대방이 자신의 문제를 깊이 있게 탐구하거나 해결책을 찾는 과정을 방해할 수 있다. 판단하기와 비위 맞추기는 상대방의 말을 진정으로 듣지 않고, 대화의 진정성을 훼손하는 부정적인 소통 방식이다. 이는 문제 해결을 어렵게 하고, 관계를 피상적으로 만드는 결과를 초래한다. 따라서 상대방에 대한 편견을 배제하고, 그들의 감정을 진지하게 받아들이며, 적절한 공감과 탐구를 통해 대화를 이어가는 태도가 중요하다. 이를 통해 상호 이해를 증진하고, 더 나은 관계를 구축할 수 있을 것이다.

이와 같이 경청을 방해하는 태도는 상호 간 오해와 갈등을 일으키거나 나아가 대화의 단절까지 발생될 수 있다. 특히 경청의 태도를 갖추고 경청을 방해하는 태도를 없애는 것은 쉬운게 아니므로 꾸준한 노력과 훈련을 해야 한다. 직장에서 대화와 소통이란 직장의 생활과 대인관계, 기업의 성과와 직결된 것임을 명심해야 한다.

5) 효과적인 경청방법

상대방과 의사소통을 하거나 많은 사람 앞에서 프리젠테이션을 할 때 이용하도록 정보를 가지기 위해서 많은 내용을 듣고 이해하는 것은 중요한 것이다. 다음에 소개하는 기법은 적극적인 경청자가 되기 위해서 필요한 것들이다.

① 준비한다: 수업시간이나 강연에 참가하면 수업계획서나 강의

계획서를 나누어준다. 이때 올바른 경청을 하려면 강의의 주제나 강의에 등장하는 용어에 친숙하도록 하기 위해 미리 읽어 두어야 한다.

② 주의 집중한다: 말하는 사람의 모든 것에 집중해서 적극적으로 들어야 한다. 말하는 사람의 속도와 말을 이해하는 속도 사이에 발생하는 간격을 메우는 방법을 학습해야 한다.

③ 예측한다: 대화를 하는 동안 시간 간격이 있으면, 다음에 무엇을 말할 것인가를 추측하려고 노력한다. 이러한 추측은 주의를 집중하여 듣는데 도움이 된다.

④ 나와 관련 짓는다: 상대방이 전달하려는 메시지가 무엇인가를 생각해보고 자신의 삶, 목적, 경험과 관련시켜 본다. 자신의 관심이라는 측면에서 메시지를 이해하면 주의를 집중하는데 도움이 될 것이다.

⑤ 질문한다: 질문에 대한 답이 즉각적으로 이루어질 수 없다고 하더라도 질문을 하려고 하면 경청하는데 적극적이 되고 집중력이 높아진다.

⑥ 요약한다: 대화 도중에 주기적으로 대화의 내용을 요약하면 상대방이 전달하려는 메시지를 이해하고, 사상과 정보를 예측하는데 도움이 된다.

⑦ 반응한다: 피드백은 상대방이 말한 것에 대해 당신이 이야기하고, 질문을 던져 이해를 명료화하고 난 다음에 하는 것이다. 피드백은 상대방에 대한 당신의 지각이 옳았는지 확인할

수 있는 기회로서 오해가 있었다면 고칠 수 있도록 해준다. 또한 당신이 하는 피드백은 상대방에게 자신이 정확하게 의사소통을 하였는가에 대한 정보를 제공할 뿐만 아니라, 상대방이 당신의 관점을 받아들일 수 있도록 해준다.

반응을 하는 데는 세 가지 규칙이 있는데, 피드백의 효과를 극대화시키려면 즉각적이고, 정직하고, 지지하는 자세여야 한다는 것이다.

즉각적이라 함은 시간을 낭비하지 않는 것이다. 다시 말하기를 통해 상대방의 말을 이해했다고 생각하자마자 명료화하고, 바로 당신의 피드백을 주는 것이 좋다. 시간이 갈수록 영향력은 줄어든다.

정직함은 당신이 느끼는 진정한 반응뿐만 아니라, 조정하고자 하는 마음, 또는 보이고 싶지 않은 부정적인 느낌까지 보여주어야 함을 의미한다. 예를 들어 당신이 상대방에게 잘못했다고 생각하고 위협을 느낀다면 이러한 것까지 솔직하게 피드백을 할 수 있어야 한다.

지지함은 당신이 정직하다고 해서 잔인해서는 안 된다는 것이다. 부정적인 의견을 표현할 때도 상대방의 자존심을 상하게 하거나 약점을 이용하거나 위협적인 표현 방법을 택하는 대신에 부드럽게 표현하는 방법을 발견할 필요가 있다.

이러한 쌍방적 의사소통은 말하는 사람에게 중요한 피드백이 되고, 듣는 사람 역시 좋은 듣기 기술을 연습하는 데 도움이 된다.

5 의사표현능력

의사표현능력은 말하는 사람이 자신의 생각과 감정을 듣는 사람에게 음성언어나 신체언어로 효과적으로 전달하는 능력으로, 의사소통의 핵심 요소이며 직장인들이 개인이나 조직 간에 원만한 관계를 유지하고 업무 성과를 높이기 위해 필수적인 역량이다. 자신의 의사를 명확하고 자신 있게 표현하는 사람은 진정한 용기를 가진 사람이라 할 수 있으며, 효과적인 의사표현능력을 갖추면 자신의 능력을 제대로 발휘하고 업무와 인간관계에서 더 나은 결과를 이끌어낼 수 있다.

의사표현은 말하는 사람이 자신의 생각과 감정을 듣는 사람에게 음성 언어(구어)나 신체 언어(몸짓, 표정, 손짓 등)로 전달하는 행위로, 단순히 말을 넘어 말하는 사람의 의도나 목적을 효과적으로 달성하기 위한 전략적 소통을 의미한다. 의사표현은 음성 언어와 신체 언어로 구분되며, 음성 언어는 말로 표현하는 구어를, 신체 언어는 표정, 손짓, 발짓, 몸짓 등으로 표현하는 비언어적 의사소통을 포함한다.

의사표현은 의사소통의 중요한 수단으로, 특히 말하는 사람의 의도나 목적을 달성하는 데 효과적이며, 말은 우리 생활에 큰 영향을 미치기 때문에 올바르게 말하는 방법을 익히는 것은 매우 중요하다. 의사표현은 주장하기, 질문하기, 요청하기 등 다양한 상황에서 사용되며, 주장하기는 말하는 사람이 듣는 사람의 생각이나 행동을 변화시키기 위해 자신의 의견을 전달하는 경우, 질문하기는 필요한 정보를 얻기 위해 상대방에게 질문하는 경우, 요청하기는 특정한 일을 해달라고 부탁하거나 요청하는 경우에 해당한다.

의사표현은 상황이나 목적에 따라 공식적 말하기, 의례적 말하기, 친교적 말하기로 구분할 수 있으며, 공식적 말하기는 사전에 준비된 내용을 대중 앞에서 말하는 방식으로 연설, 토의, 토론 등이 포함되고, 연설은 한 사람이 여러 사람을 대상으로 자신의 사상이나 감정을 일방적으로 전달하는 방식이며, 토의는 여러 사람이 모여 공통의 문제를 해결하기 위해 협의하는 방식이고, 토론은 특정 논제에 대해 찬성과 반대 입장이 논리적 근거를 제시하며 논쟁하는 방식이다. 의례적 말하기는 정치적, 문화적 행사에서 의례 절차에 따라 진행되는 말하기로 식사 인사, 주례사, 회의 개회사 등이 해당하며, 친교적 말하기는 친근한 사람들 사이에서 자연스럽게 이루어지는 대화로 일상적인 대화, 수다, 친구 간의 대화 등이 포함된다.

결론적으로, 의사표현능력은 단순히 말을 잘하는 것을 넘어 자신의 생각과 감정을 효과적으로 전달하고 상대방과의 소통을 원활하게 하는 데 필수적인 능력으로, 이를 통해 직장인은 업무 성과를 높이고 조직 내외의 관계를 더욱 긍정적으로 유지할 수 있으며, 공식적, 의례적, 친교적 말하기 등 다양한 상황에 맞는 의사 표현 기술을 익히고 실천함으로써 더 나은 소통과 성공을 이끌어 낼 수 있을 것이다.

1) 의사표현의 중요성

일 경험을 할 때 상대방의 생각, 감정, 의견을 이해하는 것만큼이나 자신의 의견과 감정을 상대방에게 잘 표현하는 것도 중요하다. 성공적인 일 경험을 위해서는 자신의 의사를 정확히 전달하는 능력이 필수적이며, 이는 직장 생활뿐만 아니라 전반적인 인간관계에서도 중요한 요소이다. 의사표현, 즉 말은 그 사람의 이미지를 결정짓는 핵심 요소이다. 누구나 시인이나 작가가 아니더라도, 말을 할 때 그림 같은 언어를 사용하면 상대방이 더 잘 기억한다는 사실을 알고 있을 것이다. 마치 그림을 그리듯 언어를 이용해 이미지를 만들어내면, 그 아름다운 효과로 인해 말이 더 생생하고 활기차게 전달된다.

그러나 말에는 그보다 더 큰 힘이 숨어 있다. 마치 그림에서 마지막 점을 찍어 완성하듯, 언어로 그리는 이미지는 우리의 모습을 만들어낼 수 있다. 즉, 우리가 자주 사용하는 말이 우리의 이미지를 결정한다는 것이다. 말로 생계를 유지하는 직업을 가진 사람이 아니더라도, 우리의 운명은 말과 함께한다. 예를 들어, 우울증으로 스스로 목숨을 끊은 사람들의 특징을 살펴보면, 그들은 말끝마다 "죽고 싶다"는 말을 반복한다. 죽고 싶은 생각이 우울증을 일으켰는지, 아니면 우울증 때문에 죽고 싶은 생각이 들었는지는 전문가의 판단에 맡겨야 하지만, 중요한 점은 그들이 죽고 싶다는 말을 반복함으로써 살고 싶은 마음이 사라지고, 생각이 뒤틀리며 마음이 아파 결국 스스로 목숨을 끊게 될 수 있다는 것이다.

일반적으로 사람을 판단할 때 얼굴을 주로 보지만, 관상가들의 말에 따르면 얼굴 생김새는 그 사람이 어떤 마음가짐으로 살아왔는지에 따라 조금씩 변한다고 한다. 예를 들어, 인색하게 보이는 얼굴도 남에게 베풀고 좋은 일을 하는 삶을 살다 보면 너그럽고 따뜻한 얼굴로 바뀐다는 것이다. 이와 마찬가지로, 우리도 말을 통해 자신의 이미지를 바꿀 수 있다. 말을 바꾸면 자기 자신의 이미지를 성공적인 사람으로 바꿀 수 있다.

이처럼 의사표현은 단순히 의견을 전달하는 것을 넘어, 자신의 이미지를 만들고 인간관계를 좌우하는 중요한 요소이다. 효과적인 의사표현은 상대방에게 자신의 생각을 명확히 전달하고, 더 나아가 자신의 삶과 운명까지도 바꿀 수 있는 힘을 가진다. 따라서 일상에서 사용하는 말을 신중히 선택하고, 긍정적이고 명확한 언어를 사용함으로써 자신의 이미지를 성공적으로 변화시킬 수 있다. 이를 통해 직장 생활과 인간관계에서 더 나은 결과를 이끌어낼 수 있을 것이다.

2) 성공하는 사람의 이미지를 위한 의사표현

성공하는 사람의 이미지를 만들기 위해서는 몇 가지 중요한 의사표현 습관을 기르는 것이 필요하다.

첫째, 부정적인 말투를 고쳐야 한다. 어떤 상황에서도 부정적으로 평가하거나 비판부터 하는 사람이 있다. 비평가도 아니면서 항상 부정적인 말부터 내뱉는 사람은 주변 사람들에게 외면당하기 쉽다. 예를 들어, 선물을 받고도 기뻐하기보다는 마음에 들지 않는 점만 찾아 탓하는 사람은 결국 아랫사람으로부터도 선물을 받기 어려운 처지가 될 수 있다. 따라서 무엇이든 긍정적으로 말하는 습관을 들이자. 긍정적으로 말하고, 힘이 부족할 때는 도움을 요청하며, 감사의 말을 자주 하자. 장미꽃뿐만 아니라 가시에도 감사하는 마음을 가져보자. 긍정적인 말투를 사용하고 긍정적으로 생각하다 보면, 우리의 이미지와 주변 환경도 긍정적으로 변할 것이다.

둘째, 상대의 말에 공감하자. 다른 사람에게 친절을 베푸는 가장 쉬운 방법은 상대방의 말을 듣고 공감해주는 것이다. 상대방이 원하는 대답을 해주는 것만으로도 그들은 큰 고마움을 느낀다. 비록 그 대답이 정답이 아니더라도, 상대방은 우리의 공감에 감사할 것이며, 우리 역시 그로부터 긍정적인 반응을 받을 수 있다. "가는 말이 고와야 오는 말이 곱다"는 속담처럼, 우리가 상대방에게 좋은 말을 하면 상대방도 우리에게 좋은 말로 대할 것이다. 예를 들어, 여자들은 예쁘다는 말을 수없이 들어도 싫어하지 않는다고 한다. 남에게 기쁨이 되는 말을 하면, 그로부터 기쁨이 되는 말을 들을 수 있고, 이런 말을 자주 듣다 보면 우리의 이미지도 자연스럽게 밝고 긍정적으로 변할 것이다.

셋째, 자신을 과소평가하지 말자. 낮은 자존감이나 열등감으로 자신을 대하지 말아야 한다. 안 좋은 일이 생길 때마다 "내가 못 배운 게 한이야" 또는 "내가 가난한 게 죄야"라고 말하는 사람들이 있다. 또한, 평소에 "죄송합니다", "미안합니다"를 자주 말하는 사람들도 있다. 이런 말은 필요할 때만 사용하고, 불필요하게 자신을 낮추는 표현은 피하자. 자신을 존중하는 태도가 중요하다.

넷째, 자신의 대화 패턴을 점검하자. 기회가 된다면 자신이 다른 사람과 대화하는 모습을 녹음해 들어보자. 불필요한 단어나 부정적이고 거부감을 주는 표현을 자주 쓰는지, 혹은 상대방이 이해하기 어려운 전문 용어나 사투리를 사용하는지 살펴보자. 주변 사람들이 지적하는 언어 습관이 있다면 그 충고를 귀담아듣고, 의식적으로 자신의 말투를 바꿔보자. 좋은 언어 습관을 반복하다 보면, 자신의 이미지와 삶의 모습도 점차 긍정적으로 변할 것이다.

결과적으로 성공하는 사람의 이미지를 만들기 위해서는 부정적인 말투를 버리고 긍정적으로 말하는 습관을 들여야 한다. 또한, 상대방의 말에 공감하고, 자신을 과소평가하지 않으며, 자신의 대화 패턴을 점검하고 개선하는 노력이 필요하다. 이러한 의사표현 습관을 통해 우리의 이미지를 긍정적으로 변화시키고, 더 나은 인간관계와 성공적인 삶을 이끌어갈 수 있을 것이다.

3) 의사표현에 영향을 주는 요인

의사표현은 여러 가지 요소에 의해 영향을 받는다. 그중에서도 연단공포증, 말, 음성, 몸짓, 유머 등은 의사표현의 질을 크게 좌우하는 주요 요인이다. 이 다섯 가지 요소를 중심으로 의사표현에 미치는 영향을 살펴보자.

가) 연단공포증

연단공포증은 많은 사람들이 겪는 일반적인 현상이다. 연단에 섰을 때 가슴이 두근거리고, 입술이 마르며, 식은땀이 나고 얼굴이 달아오르는 생리적 반응을 느끼는 것은 누구나 경험할 수 있다. 독일의 유명한 가수 슈만 하이크는 "음악회에서 노래를 부를 때 심리적 긴장감을 느끼지 않는다면, 그때는 내가 은퇴할 때다."라고 말하며 연단공포증을 솔직히 고백한 바 있다. 또한, 영국의 작가 버나드 쇼(Bernard Shaw)는 젊은 시절 매우 내성적이어서 잘 아는 사람의 집을 방문할 때도 문을 두드리지 못하고 20분 동안 망설이며 거리를 서성거렸다고 한다. 그는 이러한 내성적인 성격을 극복하기 위해 런던의 모든 공개 토론에 적극적으로 참여했고, 결국 20세기 최고의 웅변가로 성장할 수 있었다.

연단공포증은 소수의 문제가 아니라, 90% 이상의 사람들이 겪는 불안이다. 따라서 이를 지나치게 걱정할 필요는 없으며, 오히려 이러한 심리적 현상을 잘 통제하면서 말을 한다면 청중은 이를 인간다운 모습으로 받아들일 것이다. 연단공포증은 본질적으로 완전히 없앨 수는 없지만, 식사나 수면 욕구를 조절하듯이 의사전달 시 노력을 통해 심리적 불안을 어느 정도 완화할 수 있다.

연단공포증을 심하게 느끼는 사람은 가까운 친척이나 친구를 제외하고는 의사전달을 피하려고 하며, 사람들과의 접촉이 적은 직업을 선택하거나 한적한 장소에서 지내는 것을 선호한다. 연단공포증의 원인은 아직 명확히 규명되지 않았지만, 인간이 선천적으로 가지고 있는 부끄러움의 기질이나 어린 시절부터 학습된 행동의 재현이라는 주장이 있다.

연단공포증은 의사표현에 큰 영향을 미치는 요인 중 하나이다. 이를 완전히 없애는 것은 어렵지만, 적절한 노력과 훈련을 통해 통제할 수 있다. 연단공포증을 극복하고 효과적인 의사표현을 하기 위해서는 꾸준한 연습과 긍정적인 마인드셋이 필요하다. 이를 통해 자신감을 키우고, 더 나은 의사소통 능력을 발휘할 수 있을 것이다.

나) 말

말은 한 번 뱉으면 되돌릴 수 없는 일회성 특성을 가지고 있기 때문에, 우리는 항상 책임감 있게 말해야 한다. 또한, 가능한 한 간결하고 명확하게 의사를 전달하는 것이 중요하다. 말은 마치 주방에서 고무장갑이 주는 편안한 감촉처럼, 상황에 맞게 적절하게 사용되어야 한다.

• 발음의 중요성 : 화자의 발음이 정확한지 여부는 의사표현에 큰 영향을 미친다. 예를 들어, 사회적으로 저명한 인물이 '패배'를 '패북'이라고 발음하거나 '도전'을 '조전'이라고 말한다면, 그가 아무리 중요한 이야기를 해도 그 말의 가치는 땅에 떨어지고 신뢰성도 크게 떨어질 것이다. 따라서 발음은 의사표현의 기본 중 하나로, 정확한 발음을 통해 메시지를 명확히 전달해야 한다.

[말의 요소]

• 장단: 장단은 목소리의 길이, 즉 한 음절을 얼마나 오래 끌어 발음하느냐를 의미한다. 우리말에서는 같은 단어라도 발음의 길이에 따라 의미가 달라질 수 있다. 예를 들어, '말'을 짧게 발음하면 '말(馬)'이 되고, 길게 발음하면 '말(語)'이 된다. 따라서 긴 소리와 짧은 소리를 구분하여 정확하게 발음하는 것이 중요하다. 영어에서는 엑센트와 억양이 중요한 반면, 우리말은 단어의 길이(장단)를 구분하는 데 더 중점을 둔다. 엑센트는 단어 내에서 음절 간의 강약을, 억양은 문장 내에서 강약과 고저의 변화를 의미한다.

• 고저: 고저는 소리의 높낮이를 의미한다. 우리말에서는 단어의 구조에 따라 소리의 높낮이가 달라지는 고조 현상이 있다.

예를 들어, '암행어사 출두요!'에서 '어사'의 '어'는 일반적인 '어린이'의 '어'와는 다른 높낮이로 발음된다. 또한, '아기를 등에 업다'와 '돈이 없다'에서 '업'의 발음도 높낮이가 다르다. 고저는 음의 길이(장단)와도 연관이 있다. 높은 소리는 일반적으로 길게 발음되는 경향이 있다. 예를 들어, '거북하다', '거룩하다', '거부권', '헌법', '건물', '검사', '서무과', '거인' 등은 높은 '어'로 발음된다. 또한, "우리는 · · 해야 합니다. 그렇지 않습니까, 여러분!"과 같은 문장에서 '여러분'을 올려 발음하는 것은 선거 연설에서 흔히 볼 수 있는 발성 기법이다. 이는 청중의 동의를 구하기 위한 의도로 사용된다. 발음을 정확히 하고, 적절한 장단과 고저를 사용하며, 상황에 맞는 말투를 구사하면 청중의 이해와 공감을 이끌어낼 수 있다. 이를 통해 더 나은 의사표현 능력을 키우고, 성공적인 소통을 이룰 수 있을 것이다.

- 발음: 사람들과 말하는 목적은 의사를 전달하기 위함이다. 그러나 발음이 분명하지 않으면 상대방이 말하고자 하는 내용을 정확히 이해하기 어렵다. 발음이 불분명한 사람들은 대체로 문장의 끝부분을 흐리게 발음하거나, 사투리를 사용하는 경우가 많다. 발음을 정확하게 하기 위해서는 천천히 복식호흡을 하여 깊은 소리를 내며, 침착하게 이야기하는 습관을 들여야 한다.

〈발음을 바르게 내는 기본 요령〉

1. 호흡을 충분히 한다: 깊은 호흡을 통해 안정된 목소리를 유지한다.
2. 목에 힘을 주지 않는다: 목이 긴장되지 않도록 편안하게 말한다.
3. 입술, 혀, 턱을 빠르게 움직인다: 발음을 명확히 하기 위해 입술과 혀를 유연하게 사용한다.

〈우리말의 발음은 다음과 같은 경우로 나눌 수 있다〉

▶ '의'의 발음

어두의 '의' → 으이 : 의사당, 의무, 의협심, 의논

▶ 관습자음

암여우 - 암녀우, 밤이슬 - 밤니슬, 살고기 - 살코기, 안밖 - 안팎

▶ 받침법칙

맏이 - 마지, 값이 - 갑시, 밖이 - 박기, 꽃아리 - 꼬다리

▶ 두음법칙

녀자(女子) - 여자, 뇨도(尿道) - 요도, 니승(尼僧) - 이승

▶ 된소리

헌법 - 헌뻡, 인권 - 인꿘, 인격 - 인껵, 옷감 - 옷깜

▶ 축약

어두운 - 어둔, 하여서 - 해서, 되어서 - 돼서

> ▶ 자음접변
>
> 백리 – 뱅리, 신라 – 실라, 국립 – 궁립, 공로 – 공노

• 속도: 말의 속도는 의사표현에서 중요한 역할을 하며, 속도를 의도적으로 조절하면 말하는 사람의 감정을 효과적으로 전달할 수 있다. 예를 들어, 날카롭게 말하거나 화가 났을 때는 말이 빨라지는 반면, 정중하거나 상냥하게 말할 때는 속도가 자연스럽게 느려진다. 이러한 속도 변화는 청중에게 말하는 사람의 감정과 의도를 더 명확하게 전달하는 데 도움을 준다. 여러 사람 앞에서 말할 때는 적당한 속도를 유지하는 것이 중요하다. 너무 빠르게 말하면 청중이 내용을 따라가기 어렵고, 중요한 메시지를 놓칠 수 있다. 반대로 너무 느리게 말하면 청중이 지루해하거나 집중력을 잃을 수 있다. 일반적으로 발표할 때는 10분에 200자 원고지 약 15장 정도를 말하는 속도가 적당하다. 이는 청중이 내용을 쉽게 이해하고, 중요한 부분을 충분히 소화할 수 있도록 돕는 속도이다. 빠르게 말하면 말하는 사람이 바쁘거나 성의가 없다는 인상을 줄 수 있고, 느리게 말하면 말하는 사람의 사고가 느리다고 오해받을 수 있다. 따라서 자신이 평소에 말을 빠르게 하거나 느리게 하는 습관이 있다면, 이를 의식적으로 점검하고 조절하려는 노력이 필요하다. 발표에 능숙해지면 청중의 반응을 살피며 말의 속도를 유

연하게 조절할 수 있다. 예를 들어, 분위기가 무거우면 속도를 약간 빠르게 하여 활기를 불어넣고, 중요한 부분에서는 속도를 늦춰 강조하는 기술을 활용할 수 있다. 이러한 속도 조절은 청중의 집중력을 유지하고, 메시지를 효과적으로 전달하는 데 큰 도움이 된다. 결론적으로, 말의 속도를 적절히 조절하는 것은 의사표현의 핵심 기술 중 하나로, 이를 통해 말하는 사람은 자신의 감정과 의도를 더 명확하게 전달할 수 있으며, 청중은 말의 내용을 더 쉽게 이해하고 공감할 수 있다. 따라서 말의 속도를 의식적으로 연습하고 조절하는 습관을 들이는 것이 중요하다. 이를 통해 더 나은 의사소통을 이루고, 성공적인 발표와 대화를 이끌어낼 수 있을 것이다.

- 쉼 : 쉼은 이야기 중간에 의도적으로 만드는 침묵의 시간으로, 말의 흐름을 조절하고 청중의 집중력을 높이는 데 중요한 역할을 한다. 이는 단순히 말을 멈추는 것이 아니라, 심리적 효과를 극대화하기 위해 전략적으로 사용되는 기술이다. 쉼을 적절히 활용하면 논리성을 강화하고, 감정을 더 깊이 전달하며, 청중과의 동질감을 형성할 수 있다. 연구에 따르면, 듣기 좋은 이야기에서는 전체 이야기 시간의 약 35~40%가 쉼으로 구성되는 것이 적당하다고 한다. 쉼은 다양한 상황에서 사용될 수 있는데, 예를 들어 이야기의 전환점에서 사용하면 청중이 다음 내용을 준비할 시간을 줄 수 있다. 또한, 상대방의 말을 이해하거나 동의할 때, 혹은 반문을 던질 때 쉼을 사용하면

대화가 더 자연스럽게 흘러간다. 중요한 내용을 생략하거나 암시할 때, 혹은 반성의 시간을 가질 때도 쉼을 활용할 수 있다. 특히, 이야기의 마지막에 쉼을 두면 여운을 남기며 청중이 내용을 깊이 생각할 수 있는 기회를 제공한다. 이러한 쉼의 기술은 말하는 사람이 청중의 반응을 읽고, 상황에 맞게 말의 속도와 강약을 조절하는 데 도움을 준다. 따라서 쉼을 효과적으로 사용하면 말의 흐름을 더욱 매끄럽게 만들고, 청중의 이해와 공감을 이끌어낼 수 있다. 결론적으로, 쉼은 의사표현의 중요한 요소로, 이를 잘 활용하면 더 나은 소통과 설득력을 얻을 수 있다. 말을 할 때 의식적으로 쉼을 넣는 연습을 통해 논리적이고 감정적인 표현을 극대화하고, 청중과의 연결을 강화할 수 있을 것이다.

- 띄어 말하기 : 띄어 말하기는 문장을 호흡 단위로 나누어 말하는 기술로, 말의 흐름을 자연스럽게 만들고 청중이 내용을 쉽게 이해할 수 있도록 돕는다. 이는 단순히 말을 끊는 것이 아니라, 의사소통의 효과를 높이기 위해 전략적으로 사용되는 방법이다. 띄어 말하기가 필요한 이유는 여러 가지가 있다. 첫째, 말을 하는 도중에도 숨을 들이마시기 위해 잠시 멈추는 경우가 있다. 이는 발음 운동이 일시적으로 중단되는 순간으로, 자연스러운 호흡을 위해 필수적이다. 둘째, 청중이 말을 더 쉽게 이해할 수 있도록 문장을 적절히 나누어 전달하는 경우가 있다. 이는 복잡한 내용을 단순화하고, 청중이 말의 흐름을 따

라가기 쉽게 만든다. 셋째, 특정한 감정이나 강조를 표현할 때 잠시 멈추는 경우가 있다. 예를 들어, 감동적인 순간이나 중요한 메시지를 전달할 때 잠시 쉬는 것은 청중에게 더 큰 임팩트를 줄 수 있다. 넷째, 말을 잘못했을 때 잠시 멈추어 정정하는 경우도 있다. 이는 실수를 바로잡고, 말의 흐름을 다시 잡는 데 도움을 준다. 띄어 말하기는 말하는 사람이 청중의 반응을 읽고, 상황에 맞게 말의 속도와 강약을 조절하는 데 중요한 역할을 한다. 따라서 띄어 말하기를 적절히 활용하면 말의 논리성을 강화하고, 청중의 이해와 공감을 이끌어낼 수 있다. 결론적으로, 띄어 말하기는 의사표현의 핵심 기술 중 하나로, 이를 통해 더 나은 소통과 설득력을 얻을 수 있다. 말을 할 때 의식적으로 띄어 말하는 연습을 통해 자연스럽고 효과적인 의사소통을 이끌어낼 수 있을 것이다.

다) 음성

좋은 음성은 개인의 취향, 시대적 배경, 지역적 특성, 직업적 환경 등에 따라 그 기준이 달라질 수 있다. 영국 NBC 방송국의 아나운서 켈리(Kelly)는 "100명 중 단 5명만이 선천적으로 좋은 음성을 타고났다"고 말한 바 있다. 이는 대부분의 사람들이 자신의 음성에 대한 개선이 필요하다는 것을 의미한다. 따라서 우리는 자신의 음성 결함을 발견하고 이를 교정하기 위해 꾸준히 노력해야 한다. 예를 들어, 녹음기를 활용해 자신의 스피치를 녹음한 후,

음성의 높낮이, 명료도, 휴지(쉼), 감정 표현, 속도, 음색, 온도 등 다양한 요소를 점검해 보는 것이 좋다. 목소리는 단순히 메시지를 전달하는 도구를 넘어, 화자에 대한 청자의 인상을 형성하는 중요한 요소이다.

약하고 흔들리는 목소리는 화자의 자신감과 열정을 떨어뜨리는 인상을 주며, 단조로운 목소리는 내적 열정을 제대로 표현하지 못하게 만든다. 시각적 표현이 시선을 사로잡는 것처럼, 청각적 표현도 청중의 주의를 끄는 데 중요한 역할을 한다. 따라서 효과적인 의사소통을 위해서는 목소리의 표현력을 키우고, 이를 통해 청자에게 긍정적인 인상을 남기는 것이 필수적이다. 이를 위해 꾸준한 연습과 자기 점검이 필요하며, 음성의 다양한 요소를 세심히 다듬어 나가는 과정이 중요하다.

좋은 목소리를 위해서는

- 편안한 마음으로 경청할 수 있는 적절한 크기
- 분명하고 명확한 음성: 음성에는 온도와 색깔이 있으므로 내용에 따라 음성을 변화시키는 요령 습득 즉, 단어의 의미를 확산시키고 주의를 집중시키기 위하여 우리는 음성을 변화시켜야 한다. 최근의 스피치 연구가들은 일정한 음도를 유지하다가 보다 낮은 목소리로 갑자기 전환하는 것이 오히려 보다 높은 목소리로 전환하는 것보다 강조의 효과적 수단이라고 주장하고 있다.

• 목소리: 사람의 개성, 연령, 인생체험의 깊이와 밀접한 연관을 갖는 만큼 개인의 여건에 맞는 진실된 목소리를 가져야 한다.

〈느낌이 좋은 목소리를 만드는 방법 3가지〉

하나, 복식 호흡

- 코로 천천히 숨을 들이 마신다.
- 아랫배에 모은 숨을 천천히 뱉어낸다.
- 배에서 소리를 낸다.

둘, 기본 모음의 입 모양 아, 이, 우, 에, 오

- '아'는 손가락 세 개가 들어갈 정도로 입을 크게 벌린다.
- '이'와 '에'는 입을 옆으로 최대한 크게 벌린다.
- '우'와 '오'는 입을 되도록 앞으로 많이 내민다.

셋, 혀의 위치는 모음에 따라 변한다.

직접 소리내어 '아, 오 ,우', '아, 에, 이' 를 읽으며 혀의 위치를 확인하며 연습한다.

라) 몸짓

의사소통에서 우리는 각자 다른 정도로 두려움을 느끼곤 한다. 이러한 불안을 줄이기 위해서는 철저한 준비가 필요하며, 심리적 긴장감은 자연스러운 현상이라고 받아들이고 마음을 가다듬어야 한다. 또한, 말의 내용과 어울리는 자연스러운 제스처를 사용함으로써 오히려 이러한 긴장감을 긍정적인 에너지로 전환할 수 있다. 성공적인 화자는 말의 내용('무엇을')과 전달 방식('어떻게')이 조화를 이뤄야 하며, 이를 위해 언어적 요소와 비언어적 요소를 효과적으로 결합해야 한다. 비언어적 요소에는 화자의 외모, 표정, 몸짓, 동작 등이 포함되며, 이는 청자에게 강한 인상을 남기는 중요한 요소이다.

따라서 말의 내용을 뒷받침하는 적절한 제스처와 표정, 자세 등을 통해 메시지를 더욱 효과적으로 전달할 수 있다. 이러한 비언어적 요소는 청자와의 신뢰를 형성하고, 메시지의 설득력을 높이는 데 결정적인 역할을 한다. 결국, 언어적 표현과 비언어적 표현의 조화는 성공적인 의사소통의 핵심이라고 할 수 있다.

① 외모

외모와 동작은 의사소통에서 중요한 비언어적 요소로, 청자에게 강한 인상을 남길 수 있다. 외모 측면에서는 자세, 복장, 얼굴 표정 등이 청자에게 전달되는 주요 신호이다. 특히 자세는 몸짓의 기초가 되며, 자연스럽고 편안한 자세가 가장 바람직하다. 좋은 자세란 화자의 몸이 정상적이고 편안한 상태를 말한다. 예를 들어, 근육의 움직임이 어색하지 않고 호흡이나 발성에 부담을 주지 않으며, 청자에게 불쾌감을 유발하지 않는 자세가 좋은 자세이다. 이를 위해 사전에 말할 때의 자세를 가까운 사람에게 보여주고 결함이 있다면 수정하는 과정이 필요하다. 동작 역시 화자의 의도와 무관하게 청자에게 특정한 의미를 전달한다. 예를 들어, 화자가 말을 잠시 멈추고 청중에게 한 발짝 다가가는 것은 "이 부분은 중요합니다" 또는 "내 말을 믿어주세요"라는 의미로 해석될 수 있다. 또한, 몸을 좌우나 전후로 움직이는 것은 사상의 전환 또는 심화를 암시할 수 있다. 이러한 동작을 통해 화자의 정신 상태, 태도, 생명력 등이 자연스럽게 드러난다. 연단에서의 움직임은 부자연스럽지 않아야 하며, 남녀노소에 따라 그 특성이 달라져야 한다. 예를 들어, 남성이나 젊은이는 여성이나 노인보다 더 활기차고 큰 동작을 보이는 것이 일반적이다.

연단에서의 위치 변경은 분명한 필요가 있을 때만 이루어져야 하며, 불필요한 움직임은 청자를 불안하게 만들 수 있다. 따라서 명확하고 의도적인 동작만이 청자의 주의를 끌고 메시지를 효과적으로 전달하는 데 도움이 된다. 결론적으로, 외모와 동작은 언어적 메시지를 보완하고 강화하는 중요한 도구로, 화자는 이를 통해 청자와의 신뢰를 구축하고 메시지의 설득력을 높일 수 있다.

② 동작

화자의 동작은 의도적이든 아니든 청자에게 특정한 의미를 전달한다. 예를 들어, 화자가 말을 잠시 멈추고 청중에게 한 발짝

다가가는 행동은 상황에 따라 “내 말을 믿어주세요”, “이 부분은 중요합니다”, “내 이야기를 쉽게 받아들이세요” 등의 메시지를 암시할 수 있다. 또한, 몸을 좌우나 전후로 움직이는 것은 사상의 전환 또는 심화를 나타낼 수 있다. 이러한 동작을 통해 화자의 정신 상태, 태도, 상황, 역할, 생명력 등이 자연스럽게 드러난다. 이는 동작을 통제하는 것도 같은 효과를 낼 수 있음을 의미한다. 연단에서의 움직임은 부자연스럽지 않아야 하며, 남녀노소에 따라 그 특성이 달라져야 한다. 예를 들어, 남성이나 젊은이는 여성이나 노인보다 더 활기차고 큰 동작을 보이는 것이 일반적이다. 연단에서의 위치 변경은 분명한 필요가 있을 때만 이루어져야 하며, 불필요한 움직임은 청자를 불안하게 만들 수 있다. 따라서 명확하고 의도적인 동작만이 청자의 주의를 끌고 메시지를 효과적으로 전달하는 데 도움이 된다. 결론적으로, 화자의 동작은 언어적 메시지를 보완하고 강화하는 중요한 비언어적 요소로, 이를 통해 청자와의 소통을 더욱 풍부하게 만들 수 있다.

마) 유머

유머가 없는 의사표현은 새가 없는 정원이나 일정한 속도로만 달리는 고속버스와 같아 청자에게 지루함을 안겨줄 수 있다. 또한, 이미 진부한 웃음거리를 반복하는 것은 재탕한 한약처럼 효과가 없고 오히려 입안만 텁텁하게 할 뿐이다. 그러나 유머 있는 말솜씨는 하루아침에 얻어지는 것이 아니다. 평소 일상생활에서 머리를 굴려 유머 감각을 꾸준히 훈련해야만 상황에 맞는 적절한 유머를 자연스럽게 구사할 수 있다. 한국인은 일반적으로 유머 감각이 둔하다고 평가받지만, 영국인에게 "당신은 유머 감각이 없다"는 말은 가장 큰 모욕으로 여겨진다. 이는 영국인이 유머를 일상생활의 중요한 요소로 활용하고 있음을 보여준다. 건전한 유머를 즐기며 살아간다면 우리의 삶은 더욱 즐겁고 유쾌해질 것이다. 유머는 다양한 방식으로 표현될 수 있다. 흥미로운 이야기, 과장된 표현, 권위에 대한 도전, 자기 자신을 풍자하는 것, 엄숙한 분위기를 가볍게 만드는 것, 변덕스러운 말, 풍자나 비교, 반대 표현, 모방, 예기치 못한 방향 전환, 아이러니 등 다양한 방법을 활용할 때 그 효과를 극대화할 수 있다. 유머는 단순히 웃음을 자아내는 도구를 넘어, 메시지를 전달하고 청자와의 관계를 돈독히 하는 중요한 소통의 수단이다.

4) 의사표현의 방해요인 제거방법

가) 연단공포증 극복 방법

연단공포증은 낯선 임무, 생소한 환경, 의사표현의 결과에 대한 두려움 등 다양한 심리적 요인에서 비롯된다. 이러한 불안을 극복하기 위해서는 몇 가지 효과적인 방법을 활용할 수 있다.

첫째, 완벽하게 준비하는 것이다. 철저한 준비는 자신감을 키워주고 불안을 줄이는 데 큰 도움이 된다.

둘째, 청중 앞에서 말할 기회를 자주 만들어보자. 반복적인 경험은 연단에 대한 두려움을 자연스럽게 감소시킨다.

셋째, 필요한 시간보다 더 많이 준비하라. 여유 있는 준비는 예상치 못한 상황에도 대처할 수 있는 여력을 제공한다.

넷째, 충분한 휴식을 취하라. 피로는 불안을 증폭시키므로 적절한 휴식은 마음의 안정을 가져다준다.

다섯째, 시작부터 가볍게 웃음을 유도하라. 긴장을 풀고 분위기를 부드럽게 만드는 데 도움이 된다.

여섯째, 심호흡을 통해 마음을 가다듬어라. 깊은 호흡은 신체적 긴장을 완화하고 집중력을 높인다.

일곱째, 청자를 철저히 분석하라. 청자의 관심사와 기대를 이해하면 메시지를 더 효과적으로 전달할 수 있다.

여덟째, 청자를 호박이나 무생물로 상상하라. 이는 불필요한 긴장을 덜어주는 심리적 기법이다.

아홉째, 청자의 코를 보며 말하라. 눈을 마주치는 부담을 줄이면서도 자연스러운 시선 처리가 가능하다.

이러한 방법들을 꾸준히 실천한다면 연단공포증을 점차 극복하고 자신 있는 발표를 할 수 있을 것이다.

나) 말 연습방법

말하기 연습을 효과적으로 하기 위해서는 몸의 자세와 근육의 긴장 및 이완을 적절히 조절하는 방법을 익히는 것이 중요하다.

첫째, 등이 의자에 닿지 않도록 몸을 앞으로 살짝 기울여라. 이는 호흡을 깊게 하고 발성을 도와준다.

둘째, 앉은 상태에서 상체를 위로 쭉 뻗어 키를 최대한 높여라. 이는 목소리의 힘과 투명도를 높이는 데 도움이 된다.

셋째, 큰 소리로 말하는 것처럼 성대와 목의 근육을 조여보라. 이는 발성 근육을 강화하는 데 효과적이다.

넷째, 한꺼번에 긴장된 모든 근육을 풀어라. 이는 불필요한 긴장을 해소하고 자연스러운 발성을 가능하게 한다.

다섯째, 몸을 최대한 이완시킨 후 곧바로 앉아 목과 목구멍의 근육이 완전히 풀리도록 하라. 이는 목소리의 부드러움을 유지하는 데 중요하다.

여섯째, 머리를 정상적인 자세보다 어깨에 가깝게 내려라. 이는 목과 턱의 긴장을 줄여준다.

일곱째, 말하는 동안 하품을 하는 자세를 취해 목의 근육과 목청을 유지하라. 이는 목소리의 힘과 탄력을 유지하는 데 도움이 된다.

마지막으로, 이러한 자세를 유지하면서 짧은 문장을 크게 소리 내어 읽어보라. 이는 발성과 호흡을 동시에 연습하는 효과적인 방법이다.

이러한 연습을 꾸준히 반복하면 목소리의 힘, 명료도, 유연성을 키울 수 있으며, 더 자신 있게 말할 수 있는 기반을 마련할 수 있다.

다) 음성을 좋게 하는 방법

좋은 음성을 만들고 유지하기 위해서는 호흡, 발성, 생활 습관 등 여러 가지 요소를 고려해야 한다.

첫째, 깊은 호흡은 안정된 목소리를 만드는 기본이다. 얕은 호흡은 목소리를 떨리게 하므로, 숨을 깊고 천천히 들이마시는 연습을 하라.

둘째, 음가를 정확히 내기 위해서는 입을 크게 벌려 발음하라. 이는 발성을 명확하게 하고 목소리의 투명도를 높이는 데 도움이 된다.

셋째, 입안이 건조하거나 타는 듯한 느낌이 들면 소금을 약간 섭취하라. 소금은 입안의 수분을 유지하고 불편함을 줄여준다.

넷째, 긴장이 될 때는 껌을 씹어보라. 이는 턱과 목의 긴장을 풀어주고 집중력을 높이는 데 효과적이다.

다섯째, 당분과 지방질이 적당히 포함된 음식은 성대 보호에 도움이 된다. 오미자차, 꿀, 과일, 주스, 사탕 등은 목소리를 부드럽게 하고 건조함을 예방한다.

여섯째, 술과 담배는 성대에 해로울 수 있으므로 절제하는 것이 좋다. 또한 충분한 휴식과 수면은 목소리의 건강을 유지하는 데 필수적이다.

이러한 방법들을 꾸준히 실천하면 음성의 품질을 높이고, 더욱 풍부하고 힘 있는 목소리를 가꿀 수 있다.

라) 몸짓을 자연스럽게 하는 방법

자연스러운 몸짓은 효과적인 의사소통을 위해 매우 중요하다. 이를 위해 몇 가지 기본 원칙을 따를 필요가 있다.

첫째, 두 다리를 너무 넓게 벌리지 말고 적당한 간격을 유지하라. 이는 안정적이고 편안한 자세를 만드는 데 도움이 된다.

둘째, 몸의 체중을 한쪽 다리에만 의존하지 말고 양쪽 다리에 고르게 분배하라.

셋째, 지나치게 경직된 자세는 피하라. 긴장된 자세는 청자에게 불편한 인상을 줄 수 있다.

넷째, 갑자기 자세를 바꾸지 말고 자연스럽게 움직여라. 급작스러운 변화는 집중력을 흐트러뜨릴 수 있다.

다섯째, 뒷짐을 지거나 팔짱을 끼거나 손을 주머니에 넣는 행동은 피하라. 이러한 동작은 불필요한 거리감을 만들 수 있다.

여섯째, 화자와 청자의 시선을 연결하라. 이는 신뢰를 구축하고 소통을 원활하게 한다.

일곱째, 시선을 청자들에게 골고루 배분하라. 특정인만 바라보는 것은 다른 청자들을 소외시킬 수 있다.

여덟째, 눈동자를 함부로 굴리지 말고 안정된 시선을 유지하라.

아홉째, 시선을 불안정하게 두지 말고 차분하게 유지하라.

마지막으로, 대화의 내용과 시선을 일치시켜라. 말하는 내용에 맞는 시선 처리는 메시지의 전달력을 높인다.

이러한 원칙을 따르면 자연스럽고 자신 있는 몸짓으로 청자와의 소통을 더욱 효과적으로 이끌어갈 수 있다.

마) 유머를 활용하는 방법

유머는 의사소통을 더욱 풍부하고 즐겁게 만드는 강력한 도구이다. 그러나 효과적으로 활용하기 위해서는 몇 가지 원칙을 지켜야 한다.

첫째, 자신의 실패담을 솔직하게 이야기하라. 이는 청자와의 공감대를 형성하고 친밀감을 높인다.

둘째, 기발하고 참신한 자료를 찾아 활용하라. 새로운 정보나 독특한 각도는 청자의 관심을 끌 수 있다.

셋째, 한 단계 더 깊이 파고들어 생각하라. 표면적인 내용보다는 독창적인 통찰을 제공하는 것이 좋다.

넷째, 습관적인 사고방식을 버리고 새로운 시각으로 접근하라. 이는 유머의 신선함을 유지하는 데 도움이 된다.

다섯째, 청자 중 한 사람을 화제로 삼아 이야기를 풀어가라. 이는 청자와의 연결감을 강화한다.

여섯째, 쾌활한 태도로 간단한 이야기를 임기응변식으로 처리하라. 자연스러운 유머는 긴장을 풀어준다.

일곱째, 이야기는 빠르게 전개하고 빨리 끝내라. 지나치게 길어지면 효과가 반감된다.

여덟째, 서투른 유머는 피하라. 어색한 유머는 오히려 역효과를 낼 수 있다.

아홉째, 무리하게 웃기려고 하지 말라. 자연스러운 유머가 가장 효과적이다.

열째, 청자의 성향과 상황에 맞춰 적절한 이야기를 선택하라.

열한째, 다른 사람의 기분을 상하게 할 수 있는 이야기는 삼가라. 유머는 모든 사람이 즐길 수 있어야 한다.

열두째, 화자가 먼저 웃지 말라. 이는 유머의 효과를 떨어뜨릴 수 있다.

마지막으로, 진지한 내용의 연설에서는 요점을 강화하는 데 집중하고, 유머 삽입은 신중하게 고려하라. 적절한 유머는 메시지를 더욱 강렬하게 전달하는 데 도움이 되지만, 과용하면 오히려 주제를 흐릴 수 있다.

이러한 원칙을 따르면 유머를 효과적으로 활용해 청자와의 소통을 더욱 즐겁고 의미 있게 만들 수 있다.

5) 설득력있는 의사표현 지침

① 'Yes'를 유도하여 미리 설득 분위기를 조성하라.

상대방을 설득할 때는 먼저 'Yes'를 반복적으로 이끌어내는 것이 효과적이다. 'Yes'라고 대답할 때, 사람은 몸과 마음이 이완되어 외부 자극을 편안히 받아들이는 상태가 된다. 반면, 'No'라고 거절할 때는 정신적 긴장이 높아져 거부감이 강해진다. 따라서 상대방에게 다짜고짜 자신의 의견을 강요하면, 오히려 'No'라는 마음을 더 확고히 할 뿐이다. 이를 방지하기 위해, 상대방이 쉽게 긍정할 수 있는 평범한 질문을 던져 긴장을 풀고, 점차 본론으로 자연스럽게 넘어가는 전략이 필요하다. 특히 여성은 이러한 설득법에 더 민감하게 반응한다. 상대방이 'Yes'를 반복하며 'No'라는 마음의 벽을 내렸을 때, 본론을 제시하면 기분 좋게 수용할 가능성이 높아진다. 거절의 이유가 분명한 상대를 설득할 때는 그 이유를 존중하며 찬사의 말로 바꾸어 주는 것이 효과적이다. 예를 들어, 상대방의 거절 이유를 인정하면서도 그 부분을 긍정적으로 재해석하면, 상대방의 마음을 돌리기 쉬워진다. 이러한 접근법은 상대방의 심리적 방어를 완화시키고, 설득의 가능성을 높이는 데 도움이 된다.

② 대비 효과로 분발심을 불러일으켜라.

사람들은 무의식중에 여러 조건을 비교하며 판단한다. 상대방에게 어떤 조건을 제시하면, 그들은 일반적인 상식을 기준으로 그것을 평가하려 한다. 이는 인간의 심리적 특성으로, 제시된 조건을 익숙한 기준과 대비시켜 이해하려는 경향이 있다. 따라서 상대방에게 상식에 벗어나는 조건과 자신이 원하는 조건을 동시에 제시하면, 상대는 비교적 손해가 적은 쪽을 선택하게 된다. 이를 '대비 효과'라고 한다. 이는 큰 손해보다는 작은 손해를 감수하려는 심리를 활용한 전략이다. 세상의 모든 일은 상대적이므로, 절대적인 평가나 판단 기준은 존재하지 않는다. 상대방의 심리를 이해하고 적절한 대비를 통해 설득력을 높일 수 있다.

③ 침묵을 지키는 사람의 참여도를 높여라.

침묵하는 사람을 참여시키는 효과적인 방법은 간접적인 접근이다. 예를 들어, 노련한 교사는 떠드는 아이를 직접 야단치지 않고, 그 옆자리 아이를 지명해 교과서를 읽히거나 질문에 답하게 한다. 이렇게 하면 떠들던 아이는 당황해 스스로 침묵하고 수업에 집중하게 된다. 이는 직접적인 지시 없이도 행동 변화를 이끌어내는 간접적 설득의 한 방식이다. 회의에서도 비슷한 기법을 활용할 수 있다. 발언하지 않는 사람을 직접 지명하지 않고, 그 주변 사람들에게 질문을 던지면, 침묵하던 사람도 자연스럽게 참여하게 된다. 이는 사람의 심리적 특성을 활용한 것으로, 옆 사람이 발언하면 무관심하게 있을 수 없기 때문이다. 이러한 방법은 중간 관리자가 부하 직원을 다룰 때도 유용하다. 실수를 한 직원을 직접 꾸짖지 않고, 다른 직원을 통해 간접적으로 메시지를 전달하면, 상대방이 스스로 반성하게 만들 수 있다. 이를 심리학에서는 '암묵적 강화법'이라고 한다. 직접적인 꾸중보다 더 효과적일 수 있으며, 상대방의 자존심을 해치지 않으면서도 메시지를 전달하는 데 도움이 된다. 이 방법은 일상생활에서도 자주 사용되며, 상대방의 참여를 유도하거나 행동을 바꾸는 데 유용하다.

④ 여운을 남기는 말로 상대방의 감정을 누그러뜨려라.

상대방의 집요한 요구나 항의에 압도될 때, "잘 알겠습니다."라는 말로 대화를 마무리하면 상대방의 감정을 누그러뜨릴 수 있다. 이 말은 상대방의 요구를 완전히 수용한다는 의미는 아니지만, 더 이상의 논쟁을 방지하고 여운을 남기는 효과가 있다. 상대방은 자신의 말이 이해되었다고 느끼면서도, 명확한 승낙이나 거절을 듣지 못해 추가적인 요구를 이어가기 어려워진다. 이러한 언어적 전략은 사업상의 분쟁이나 갈등 상황에서 특히 유용하다. 상대방의 강경한 태도를 완화시키고, 상황을 원만하게 마무리하는 데 도움이 된다. 이는 상대방의 감정을 존중하면서도 자신의 입장을 유연하게 지키는 효과적인 소통 기술이다.

⑤ 하던 말을 갑자기 멈춤으로써 상대방의 주의를 끌어라.

강연이나 대화 중 상대방이 집중하지 않을 때, 말소리를 갑자기 낮추거나 잠시 멈추는 것은 효과적인 전략이다. 이는 상대방의 주의를 끌고, 무의식중에 귀를 기울이게 만든다. 예를 들어, 강연 중 청중이 어수선해지면 목소리를 낮추면 오히려 그들이 집중하게 된다. 개인 대화에서도 마찬가지다. 한쪽이 열심히 말하는데 상대방이 무관심하게 반응하면, 말을 계속하는 것보다는 소리의 크기를 조절하거나 잠시 멈추는 것이 더 효과적이다. 상대방이 심리적으로 우위에 있을 때, 말하는 사람이 집요하게 매달리면 오히려 무시당하기 쉽다. 이때 소리에 변화를 주면, 상대방이 스스로 반응하며 마음의 문을 열게 된다. 상대방이 적극적으로 듣는 자세를 취했을 때 설득을 시도하면 더 큰 효과를 얻을 수 있다. 이는 상대방의 주의를 환기시키고, 대화를 더 생산적으로 이끄는 간단하지만 강력한 기술이다.

⑥ 호칭을 바꿔서 심리적 간격을 좁혀라.

사람들은 심리적 거리가 멀다고 느낄 때 마음의 문을 쉽게 열지 않는다. 이때 고의적이라는 인상을 주지 않으면서 친근감 있는 호칭을 사용하면, 의외로 빠르게 심리적 거리를 좁힐 수 있다. 반대로, 상대방의 마음을 상하지 않으면서 요구를 거절할 때는 존경어를 사용해 심리적 거리를 두는 방법이 효과적이다. 예를 들어, 친한 사이에서 갑자기 존경어를 사용하면, 상대방은 무의식중에 관계가 소원해졌음을 느끼고 무리한 요구를 하지 않게 된다. 이는 상대방과의 심리적 접촉을 피하려는 완곡한 표현 방식이다. 처음에는 서먹서먹하게 느껴질 수 있지만, 상대방이 심리적 거리를 인지하면 관계를 조율하는 데 도움이 된다. 이러한 접근법은 인간관계에서 적절한 거리를 유지하며 소통하는 데 유용한 기술이다.

⑦ 끄집어 말하여 자존심을 건드려라.

비즈니스에서 협상 상대와의 관계는 단순히 눈치를 보거나 속마음을 떠보는 표면적인 수준에서 머무르기 쉽다. 그러나 이러한 관계가 지속되면 협상이나 상담은 진전되기 어렵다. 이때 상대방의 성격적 결함이나 단점을 넌지시 지적하는 것이 관계를 깊게 만드는 한 방법이 될 수 있다. 예를 들어, "걱정하시는 이유는 이해하지만, 왜 그렇게 부정적으로 결론을 내리려 하시나요?" 또는 "너무 지나치게 따지시는 것 같아요."라고 말하면, 상대방은 예상치 못한 반응에 당황하며 당신에 대한 평가를 다시 하게 된다. 이는 상대방이 "내 이런 면까지 주목하고 있구나"라고 생각하게 하여, 신뢰를 형성하는 계기가 된다. 이러한 지적은 형식적인 관계를 허물없는 대화로 이끌 수 있다. 다만, 상대방의 단점을 지적할 때는 말투와 표현에 주의해야 한다. 헐뜯는 것이 아니라 애정 어린 충고라는 인상을 주는 것이 중요하다. 또한, "어차피 받아들이지 않으실 테니 말씀드리지 않겠습니다."와 같이 변덕을 부리는 방식으로 상대방이 스스로 반성하게 유도할 수 있다. 이는 상대방이 "나는 완고하지 않다"라고 반발하며 자신의 태도를 바꾸도록 만드는 심리적 전략이다. 이러한 접근법은 협상에서 신뢰를 구축하고, 관계를 더 깊고 진실된 방향으로 이끄는 데 도움이 된다.

⑧ 정보전달 공식을 이용하여 설득하라.

정보전달 공식을 활용하면 상대방을 설득하거나 특정 평가를 유도하는 데 효과적이다. 예를 들어, 라이벌에 대한 부정적인 평가를 전달할 때, 직접 말하기보다는 "다른 사람들 사이에서 이런 이야기가 있는데, 정말일까요?"와 같이 제3자의 입장에서 간접적으로 언급하는 것이 좋다. 사람들은 직접적인 정보보다는 이해 관계가 없는 제3자를 통해 들은 정보를 더 쉽게 믿는 경향이 있다. 그러나 이러한 기법을 악용해 다른 사람을 기만해서는 안 된다. 이는 윤리적 한계를 지키며 사용해야 하는 전략이다. 또한, 심리적 충격을 줄 때는 작은 충격부터 점차 큰 충격으로 나아가는 것이 효과적이다. 처음부터 큰 충격을 주면 상대방이 거부감을 느끼기 쉽지만, 서서히 강도를 높이면 큰 충격이 와도 상대적으로 덜 부정적으로 받아들인다. 이는 전류의 강도를 점차 높이는 것과 같은 원리로, 심리적 저항을 줄이는 데 도움이 된다. 이러한 정보전달 공식과 점진적 접근법은 설득 과정에서 상대방의 반응을 부드럽게 이끌어내는 데 유용하다.

⑨ 상대방의 불평이 가져올 결과를 강조하라.

논란이 되는 문제를 중대한 것으로 강조하면 상대방은 사건의 심각성에 놀라 불평을 누그러뜨린다. 이 순간을 놓치지 않고 논리적으로 설명하면 상대방도 자신의 실수를 인정하게 된다. 예를 들어, 노사 분규에서 조합원들이 요구를 굽히지 않는 것은 그들이 자신의 주장이 정당하다고 믿기 때문이다. 이때 경영자는 그 요구가 지나치거나 부당함을 이해시키는 전략을 사용할 수 있다. 요구의 정당성은 주관적이기 쉽기 때문에, 상대방보다 더 비참한 상황을 예로 들어 비교하는 것이 효과적이다. “내가 아는 회사가 최근 도산했는데, 직원들은 재취직도 어려워 불안한 나날을 보내고 있다”라고 말하면, 조합원들은 자신들의 상황이 상대적으로 나은 것을 깨닫고 요구를 누그러뜨릴 수 있다. 이는 상대방의 불평을 완화시키는 데 유용한 방법이다.

⑩ 권위 있는 사람의 말이나 작품을 인용하라.

일반적으로 사람들은 권위 있는 인물의 추천을 신뢰하는 경향이 있다. 예를 들어, 신문이나 잡지에서 유명인이 추천한 책은 좋은 책이라고 생각하는 것은 일종의 심리적 착각이다. 우리는 추천자의 권위와 추천된 대상을 무의식적으로 동일시한다. 이러한 심리는 광고에서도 활용된다. 텔레비전 광고나 홍보 포스터에 저명인사를 등장시키는 것은 상품과 그 인물의 이미지를 연결시켜 긍정적인 인식을 심어주기 위함이다. 설득력 있는 사람은 이러한 심리적 효과를 활용해 권위 있는 인물의 말이나 작품을 인용하며 자신의 주장을 정당화한다. 그러나 이 기법을 사용할 때는 주의가 필요하다. 예를 들어, 광고에서 상품과 등장인물의 이미지가 맞지 않으면 오히려 역효과를 낼 수 있다. 따라서 상대방이 무엇을 기대하고 어떤 부분에 약한지를 미리 분석한 후, 적절한 권위를 인용하는 것이 중요하다. 이는 설득의 효과를 극대화하는 데 도움이 된다.

⑪ 약점을 보여주어 심리적 거리를 좁혀라.

상대방을 설득할 때는 그들의 심리적 상태와 감정을 잘 이해하는 것이 중요하다. 설득하는 사람이 완벽해 보이고 약점을 드러내지 않으면, 상대방은 오히려 마음의 벽을 더 단단히 쌓을 수 있다. 이럴 때는 일부러 자신의 약점을 보여주어 상대방에게 우월감을 느끼게 하는 전략이 효과적이다. 다만, 이때 약점을 진심으로 털어놓는 것이 아니라, 제스처 정도로만 드러내는 것이 핵심이다. 예를 들어, “지루하신 것 같아요”라고 말해 자신의 이야기가 지루할 수 있음을 인정하거나, “되풀이되는 것 같죠?”라고 말해 단조로움을 완화할 수 있다. 또한, “극단적인 이야기 같지만…”과 같이 모호하게 전제를 달아 상대방이 극단적으로 받아들이지 않도록 유도할 수 있다. 이는 상대방의 열등 의식이나 지나친 경계심을 완화시키는 데 도움이 된다. 상대방이 자신만 열등한 것이 아니라는 사실을 깨닫게 되면, 마음의 벽을 서서히 내려놓고 설득에 더 쉽게 응할 가능성이 높아진다. 이러한 접근법은 상대방과의 심리적 거리를 좁히고, 보다 원활한 소통을 이끌어내는 데 유용하다.

⑫ 이상과 현실의 구체적 차이를 확인시켜라.

자녀들이 용돈 인상이나 귀가 시간 연장과 같은 구체적인 요구를 할 때, 그들은 종종 현실만을 바라보며 자신의 주장만을 반복한다. 이때 단순히 논리적으로 설득하려 해도 효과가 없을 수 있다. 대신, 그들의 요구 뒤에 숨은 근본적이고 추상적인 문제를 끌어내는 것이 더 효과적이다. 예를 들어, 용돈을 더 달라는 자녀에게는 성인이 될 때까지 드는 비용, 경제 상황, 가정의 재정 상태, 그리고 그들이 해야 할 책임 등에 대해 설명한다. 이를 통해 그들의 요구가 현실과 얼마나 동떨어져 있는지를 깨닫게 해야 한다. 이상과 현실의 차이를 메우는 것은 구체적인 내용을 통해 가능하다. 이상만을 내세우는 사람에게 반론하기 어려운 이유는 그들이 이를 궁극의 목표로 여기기 때문이다. 그러나 그릇된 이상은 내용을 거부하면서 형식만을 받아들이려 한다. 따라서 상대방에게 이상을 구체적으로 설명하도록 유도하는 것이 중요하다. 이를 통해 이상과 현실의 괴리를 줄이고, 더 현실적인 해결책을 모색할 수 있게 된다. 이러한 접근법은 상대방이 자신의 요구를 재고하도록 유도하며, 보다 합리적인 대화를 이끌어내는 데 도움이 된다.

⑬ 자신의 잘못도 솔직하게 인정하라.

상대방이 자신의 주장을 고수하며 양보하지 않을 때는 '밀어서 안 되면 당겨보라'는 전략을 활용하는 것도 효과적이다. 이는 자신의 주장을 일시적으로 접어두고 상대방의 의견에 동의하는 듯한 태도를 보임으로써, 강경하게 고집을 부리던 상대방을 점차 설득할 수 있는 방법이다. 특히 직장에서는 논리적 근거 없이 반대를 고수하는 사람부터 기분에 따라 반대하는 사람까지 다양한 유형이 존재한다. 이러한 상황에서 대립이 심해질수록 반대 의견을 가진 사람은 더욱 강하게 저항하는 경향이 있다. 따라서 이들을 설득하기 위해서는 상대방의 입장을 일단 수용하는 듯한 자세를 취하는 것이 중요하다. 이는 상대방의 방어심을 낮추고, 결국 자신의 의견으로 이끌어낼 수 있는 전략적 접근 방식이다. 만약 자신의 주장을 부정하고 상대방의 주장을 따르는 듯한 태도를 보이면, 상대방도 더 이상 자신의 주장만을 고집할 수 없게 된다. 이는 분위기를 반전시켜 자신이 주도권을 잡을 수 있는 상황으로 전환하는 데 도움을 준다. 특히 공격적인 성향의 상대방을 설득하거나 그의 집요한 추궁에서 벗어나고자 할 때는, 먼저 자신이 솔직히 인정하고 수용하는 자세를 보이는 것도 하나의 효과적인 방법이 될 수 있다. 이러한 접근은 상대방의 감정과 입장을 고려하며 점진적으로 설득력을 높이는 데 기여한다.

⑭ 집단의 요구를 거절하려면 개개인의 의견을 물어라.

상대방을 설득할 때는 먼저 그들의 입장에 공감하며 지금까지의 노고를 인정하고 치하하는 것이 중요하다. 상대방에게 가장 힘든 순간은 자신이 열심히 기울인 노력과 성과가 가볍게 평가되거나 무시당할 때이다. 이러한 상황에서는 설득이 어려울 수밖에 없다. 따라서 "당신이 지금까지 열심히 해온 노력을 잘 알고 있습니다. 하지만 현재 문제가 있는 것도 사실입니다."라고 말하며 상대방의 노력을 인정하면서도 현실적인 문제를 함께 제시하는 것이 효과적이다. 이어서 "지금까지의 노력이 헛되지 않도록, 더 완벽한 결과를 만들기 위해 한 번만 더 힘을 내주길 바랍니다."라고 부탁하면, 상대방은 자신의 노력이 헛되지 않게 하기 위해 더 적극적으로 협력하는 자세를 보이게 된다. 이러한 접근 방식은 상대방의 감정을 존중하면서도 목표를 달성하는 데 도움을 줄 수 있다.

⑮ 동조 심리를 이용하여 설득하라.

인간은 동조 심리에 따라 행동하는 경우가 많다. 이는 다른 사람들과 같은 행동을 하고 싶어 하는 심리로, 유행이라는 현상을 통해 쉽게 이해할 수 있다. 사람들은 대체로 다른 사람들과 같아지고 싶은 욕구가 강하며, 이는 유행을 추구하는 동기로 작용한다. 그러나 사람들 사이에 갈등이나 반감이 존재할 때는 이러한 동조 심리가 제대로 작용하지 않는다. 예를 들어, 회사에서 불만이 많은 부하 직원을 설득하려면 공동의 적을 만들어 동조 심리를 자극하는 방법이 효과적이다. "이번에도 실적이 나오지 않으면 자네와 나 모두 지방 영업소로 발령될지 모른다."라는 식으로 가상의 적을 설정하면, 불평만 늘어놓던 부하 직원도 상사와 협력하게 된다. 또한 라이벌 의식을 부추겨 공동의 목표를 설정하는 것도 좋은 방법이다. 이는 상대방이 방어적으로 나올 때 특히 유용하며, 함께 문제를 해결해야 한다는 공감대를 형성할 수 있다. 상대방이 자아가 강하거나 강요받는 것을 싫어할 때는 '우리'라는 표현을 자주 사용하여 공동체 의식을 강조하는 것이 중요하다. 이는 상대방이 자신의 의견만을 고집하는 사람으로 비춰

지지 않도록 하며, 설득력을 높이는 데 도움을 준다. 예를 들어, 남녀 간의 대화에서 '나와 당신'보다는 '우리'라는 표현을 사용하면 상대방에게 일체감을 주어 설득이 더 쉬워진다. 이는 상대방이 자아가 강하지 않더라도, 설득하는 당신이 '자기만 아는 사람'이라는 인상을 주지 않도록 하는 데에도 효과적이다. 따라서 상대방의 동조 심리를 활용하고 공동의 목표를 강조하며, '우리'라는 표현을 적극적으로 사용하는 것이 설득의 핵심 전략이 될 수 있다.

⑯ 지금까지의 노고를 치하한 뒤 새로운 요구를 하라.

상대방을 설득할 때는 먼저 그들의 입장에 공감하며 지금까지의 노고를 치하하는 것이 중요하다. 상대방에게 가장 힘든 순간은 자신이 열심히 기울인 노력과 성과가 가볍게 평가되거나 무시당할 때이다. 이러한 상황에서는 설득이 어려울 수밖에 없다. 따라서 "당신이 지금까지 열심히 해온 노력을 잘 알고 있습니다. 하지만 현재 문제가 있는 것도 사실입니다."라고 말하며 상대방의 노력을 인정하면서도 현실적인 문제를 함께 제시하는 것이 효과적이다. 이어서 "지금까지의 노력이 헛되지 않도록, 더 완벽한 결과를 만들기 위해 한 번만 더 힘을 내주길 바랍니다."라고 부탁하면, 상대방은 자신의 노력이 헛되지 않게 하기 위해 더 적극적으로 협력하는 자세를 보이게 된다. 또한, 상대방의 감정을 미리 예측하고 이를 솔직하게 표현하는 것도 설득의 중요한 전략이다. 예를 들어, "당신이 불쾌하게 생각하시리라는 것을 알면서도 말씀드립니다."라고 말하면, 상대방은 오히려 화를 내거나 질책하려는 마음이 사라진다. 이는 상대방이 예상한 감정을 미리 드러내는 것이 우스꽝스럽게 느껴지기 때문이다. 또한, 자신의 태도가 미리 드러나면 상대방은 방어본능에서 "나는 절대로 그렇게 하지 않는다."라는 심리가 작용하며, "상대방에게 감정을 그대로 드러낼 정도로 나는 째째한 사람이 아니야."라는 자존심도 생기게 된다. 이러한 요소들이 결합되면 상대방은 아무리 불쾌한 내용이라도 화를 내지 못하고 냉정하게 받아들이게 된다. 결국, 상대방의 노력을 인정하고 공감한 뒤 새로운 요구를 제시하며, 상대방의 감정을 미리 읽고 솔직하게 표현하는 방식은 설득 과정에서 큰 효과를 발휘한다. 이는 상대방의 감정을 존중하면서도 목표를 달성하는 데 도움을 주는 전략적 접근 방식이다.

⑰ 담당자가 대변자 역할을 하여 윗사람을 설득하게 하라.

거래처를 방문해 신제품을 판매하려 할 때, 담당자가 적극적으로 반응하지 않는 경우가 있다. 이는 그가 독자적으로 결정을 내릴 권한이 없기 때문이다. 이럴 때는 우선 담당자의 윗사람이 어떤 성향을 가진 인물인지 파악하는 것이 중요하다. 예를 들어, 상사가 숫자에 강한 사람이라면, 담당자에게 "과장님께서는 데이터를 중시하시니, 이런 수치를 제시하면 긍정적인 반응을 얻을 수 있을 것입니다."라고 조언할 수 있다. 이렇게 하면 담당자는 단순한 전달자가 아니라 세일즈맨의 입장을 대변하는 역할을 하게 되며, 결과적으로 상사의 관심과 신뢰를 이끌어낼 가능성이 높아진다. 이처럼 상대의 특성을 고려하여 설득 전략을 세우고, 담당자가 능동적으로 움직이도록 유도하는 것이 뛰어난 세일즈 기술이다.

⑱ 겉치레 양보로 기선을 제압하라.

설득이 교착 상태에 빠졌을 때는 상대방에게 겉으로 보이는 양보를 함으로써 돌파구를 마련할 수 있다. 교착 상태란 서로가 한 치도 물러서지 않겠다는 입장을 고수하는 상황을 의미하는데, 이럴 때는 실질적인 손해 없이 형식적인 양보를 하는 것이 효과적이다. 중요한 것은 상대방이 주도권을 쥐었다고 느끼게 하면서도, 궁극적으로 자신이 원하는 핵심 요구를 지켜내는 전략을 구사하는 것이다. 이를 위해 처음부터 다소 과한 요구를 제시해 협상의 여지를 만들어 두는 것이 좋다. 이후 협상의 흐름에 따라 "이 부분은 양보하겠습니다, 저 부분도 조정하겠습니다. 하지만 이 핵심 사항만은 반드시 유지해야 합니다."라는 방식으로 접근하면 원하는 결과를 얻을 가능성이 커진다. 예를 들어, 상대가 비용 부담을 이유로 거부할 경우, 지불 기한을 조정하거나 분할 납부 방안을 제시하는 등 겉으로 보이는 양보를 제공함으로써 결국 상대가 수용할 수밖에 없도록 유도하는 것이다.

⑲ 변명의 여지를 만들어 주고 설득하라

설득할 대상이 우물쭈물하며 결정을 미루거나 책임을 회피하려는 성향이라면, 먼저 변명의 여지를 제공해 부담을 덜어주는 것이 효과적이다. 강하게 밀어붙이기보다는 빠져나갈 구멍을 마련해 주면, 오히려 상대가 쉽게 설득될 가능성이 크다. 이는 일종의 시간차 전략으로, 즉각적인 결정을 강요하기보다는 상대가 스스로 받아들이도록 유도하는 방식이다. 예를 들어, 전날 밤 열심히 쓴 연애 편지도 다음 날이 되면 객관적으로 보이며 망설여지는 경험이 있듯이, 사람은 시간을 두고 생각할 때 더 현실적인 판단을 하게 된다. 이러한 심리를 활용하면, 상대방의 반론을 차단하고 설득력을 높일 수 있다. 이를 위해서는 먼저 상대의 이야기를 충분히 경청한 후, 적절한 시점을 선택해 논리를 펼치는 것이 중요하다. 속담에 '서두르면 일을 그르친다.'라는 말이 있듯, 때로는 냉각 기간을 두는 것이 원하는 방향으로 논의를 이끄는 가장 효과적인 방법이 될 수 있다.

⑳ 혼자 말하는 척하면서 상대의 잘못을 지적하라.

상대의 잘못을 직접 지적하기 어려운 상황에서는 혼잣말을 활용하는 것이 효과적인 방법이 될 수 있다. 예를 들어, 한겨울에 사무실이 너무 덥다고 느껴질 때, 대부분의 사람들은 직접 "창문 좀 열어 주세요."라고 말하지만, 더 효과적인 접근법은 혼잣말을 활용하는 것이다. "왜 이렇게 덥지?"라고 두어 번 반복하면, 주변 사람이 스스로 창문을 열 가능성이 높아진다. 특히, 꾸중을 해도 쉽게 반성하지 않는 사람들에게는 직접적인 비난보다는 막연한 독백이 더 효과적으로 작용할 수 있다.

설득해야 할 상대가 선배이거나 신세를 진 사람이라면, 정면으로 맞서기보다는 독백을 활용하는 것이 더욱 바람직하다. 일반적으로 우리는 상대의 잘못을 지적하며 "어떻게 그럴 수 있어? 약속도 안 지키고.", "그래서 그렇게 주의를 줬는데도." 같은 말을 쏟아내지만, 이러한 직접적인 비난은 오히려 반발심을 키우고 관계를 악화시킬 가능성이 크다. 특히, 상대가 조금이라도 반항적인 태도를 보이면 더욱 강하게 꾸짖게 되고, 이는 신뢰를 무너뜨리는 결과를 초래할 수 있다.

이런 경우에는 상대의 감정을 정면으로 자극하기보다 독백을 통해 스스로 반성할 기회를 주는 것이 효과적이다. 독백은 직접적인 대립을 피하면서도 상대의 잘못을 인식시키는 방법으로, 반발심을 줄이고 자발적인 반성을 유도할 수 있다. 결국, 비난의 에너지를 반성의 에너지로 전환시키는 것이 핵심이며, 이를 통해 설득력을 높이고 관계를 원만하게 유지할 수 있다.

6 문제해결능력

1) 문제해결능력이란?

직장에서 업무를 수행하는 과정에서 다양한 문제가 발생하며, 이를 효과적으로 해결하는 능력은 직장인에게 필수적이다. 그러나 많은 사람들이 문제를 해결하는 올바른 방법을 모르거나, 문제의 본질을 정확히 파악하지 못해 적절한 해결책을 찾기 어려워한다.

문제해결능력은 직장에서 반복적으로 요구되는 핵심 역량이며, 업무 수행 자체가 문제 해결 과정과 직결된다. 단순하거나 해결 방법이 명확한 문제는 비교적 쉽게 해결할 수 있지만, 복잡한 문제의 경우 다양한 요소를 고려하고 심층적인 분석을 통해 해결책을 도출해야 한다. 따라서 효과적인 문제 해결을 위해서는 체계적인 접근 방식이 필요하다.

NCS 직업기초능력에서 정의하는 문제해결능력은 다음과 같다.

- 문제 상황을 정확히 인식하는 것이 가장 중요하다.
- 문제의 본질, 중요성, 시급성을 판단해야 한다.
- 합리적 사고를 기반으로 문제해결 프로세스를 활용하여 최적

의 해결책을 찾는다.

- 효과적인 방안을 신속하게 적용하여 문제를 해결하는 능력을 포함한다.

[표 3-4] 문제해결능력 하위구성요소

하위영역	정의	세부요소
사고력	업무와 관련된 문제를 인식하고 해결함에 있어 창조적, 논리적, 비판적으로 생가가는 능력	창의적사고 논리적사고 비판적사고
문제처리능력	업무와 관련된 문제의 특성을 파악하고 대안을 제시, 적용하고 그 결과를 평가하여 피드백 하는 능력	문제인식 대안선택 대안적용 대안평가

출처 : NCS국가직무능력 표준 자료 문제해결능력 하위구성요소 일부

즉, 문제해결능력은 단순히 문제를 해결하는 것이 아니라, 문제의 핵심을 파악하고 체계적으로 접근하여 최적의 해결책을 도출하는 과정까지 포함하는 중요한 직무 역량이다.

또한 문제해결능력은 조직, 고객, 그리고 개인의 측면에서 다음과 같이 중요한 역할을 한다.

- 조직 측면 : 조직이 지속적으로 성장하고 경쟁력을 유지하기 위해서는 문제를 해결하는 과정이 필수적이다. 경쟁사와의 차별성을 확보하고 세계 일류 수준을 지향하기 위해 끊임없는 문제해결이 요구된다.

• 고객 측면 : 고객이 불편을 느끼는 부분을 찾아 개선함으로써 만족도를 높이고, 더 나아가 감동을 제공하는 것이 중요하다.
• 개인 측면 : 불필요한 업무를 제거하거나 단순화하여 효율적으로 업무를 수행함으로써 개인의 경쟁력을 높일 수 있다.

2) 효과적인 문제해결을 위한 기본 요소

문제를 효과적으로 해결하기 위해서는 개인이 다음과 같은 역량을 갖추어야 한다.

① 체계적인 교육훈련: 문제해결을 위해서는 기존의 고정관념과 편견을 극복하고 창의적인 사고를 할 수 있어야 한다. 이를 위해서는 체계적인 교육과 훈련을 통해 문제해결과정에서 필요한 지식과 스킬을 습득하는 것이 필수적이다. 조직 내외에서 다양한 교육훈련을 활용하여 문제해결 역량을 강화해야 한다.

② 문제해결방법에 대한 지식: 문제해결을 위해서는 다양한 문제해결 기법을 알고 있어야 한다. 일반적인 문제해결 기법뿐만 아니라, 전문영역(예: 연구개발, 마케팅 등)에 특화된 문제해결 방법도 숙지해야 한다. 이는 효과적인 문제해결의 출발점이 된다.

③ 문제 관련 지식의 가용성: 아무리 문제해결 방법을 많이 알고 있더라도, 해결하고자 하는 문제 자체에 대한 지식이 부족하

면 해결이 어려울 수 있다. 따라서 담당 업무에 대한 깊이 있는 이해와 경험이 필수적이며, 이를 바탕으로 문제를 분석하고 해결책을 도출해야 한다.

④ 문제해결자의 도전의식과 끈기: 문제해결 과정에서는 단순한 기술적 접근뿐만 아니라, 개선의식, 도전정신, 끈기가 필요하다. 특히, 기존의 방식에 안주하지 않고 새로운 해결책을 모색하려는 자세와 난관을 극복하려는 태도가 문제해결의 중요한 밑바탕이 된다.

⑤ 문제에 대한 체계적인 접근: 문제를 해결할 때는 단편적인 접근이 아니라, 프로세스 중심의 체계적인 접근이 필요하다. 조직 전체의 관점에서 문제를 바라보고 각 기능별 문제점을 종합적으로 분석해야 한다. 개별적인 문제 해결만으로는 장기적인 성과에 기여하기 어렵기 때문에, 지속적으로 문제를 추적하고 개선하는 과정이 필수적이다.

3) 사고력

가) 창의적 사고

정형화된 문제를 빠르게 해결했다고 해서 그 사람을 창의적이라고 할 수는 없다. 여간해서는 안 풀리는 문제라든지 해답이 많은 문제, 정답이 없는 문제를 해결하는 사람이야말로 창의적인 사람이라고 할 수 있다. 이렇듯 창의적 사고란 당면한 문제를 해결하기 위해 이미 알고 있는 경험 지식을 해체하여 새로운 아이디어를 다시 도출하는 것으로 개인이 가지고 있는 경험과 지식을 통해 새로운 가치 있는 아이디어로 다시 결합함으로써 참신한 아이디어를 산출하는 힘으로 다음과 같은 의미를 포함하고 있다.

- 창의적 사고는 발산적(확산적) 사고로서 아이디어가 많고 다양하고 독특한 것을 의미한다.
- 창의적 사고는 새롭고 유용한 아이디어를 생산해 내는 정신적인 과정이다.
- 창의적 사고는 유용하고 적절하며 가치가 있어야 한다.
- 창의적 사고는 기존의 정보(지식, 상상, 개념 등)들을 특정한 요구조건에 맞거나 유용하도록 새롭게 조합시킨 것이다.

창의적 사고는 다음과 같은 세 가지 특징을 보인다.

첫째, 창의적 사고란 정보와 정보의 조합이다. 여기에서 말하는 정보에는 주변에서 발견할 수 있는 지식(내적 정보)과 책이나 밖에서 본 현상(외부정보)의 두 종류가 있다. 이러한 정보를 조합하고 그 조합을 최종적인 해답으로 통합해야 하는 것이 창의적 사고의 첫걸음이다.

둘째 창의적 사고는 사회나 개인에게 새로운 가치를 창출한다. 창의적사고는 개인이 갖춘 창의적사고와 사회적으로 새로운 가치를 가지는 창의적 사고의 두 가지로 구분된다. 아이들의 창의적 사고는 어른들이 보기에는 보잘것없어 보일 수도 있다. 하지만 아이들에게는 새로운 가치가 될 수 있는 것이다. 그리고 개인이 갖춘 창의력은 계발을 통해서 그 능력을 키울 수있다. 따라서 단순히 사회에 대한 영향력이라고 하는 것 외에도 개인이 창의적 사고를 얼마나 발전시킬 수 있는가 하는 점도 생각할 필요가 있다.

셋째 창의적 사고는 창조적인 가능성이다. 이는 문제를 사전에 찾아내는 힘 문제해결에 있어서 다각도로 힌트를 찾아내는 힘 그리고 문제해결을 위해 끈기있게 도전하는 태도 등이 포함된다. 다시 말해서 창의적 사고에는 사고력을 비롯해서 성격, 태도에 걸친 전 인격적인 가능성까지 포함된다.

이러한 창의적 사고는 창의력 교육훈련을 통해 개발할 수있으며 모험심, 호기심, 적극적, 예술적 집념과 끈기, 자유분방할수록 높은 창의력을 보인다.

나) 논리적 사고

논리적 사고는 직장생활 중에서 지속적으로 요구되는 능력이다. 업무수행 중에 자신이 만든 계획이나 주장을 주위 사람에게 이해시켜 실현시키기 위해서는 체계적인 설득 과정을 거쳐야 하는데 이때 필요로 하는 것이 논리적사고이다.

논리적 사고는 사고의 전개에 있어서 전후 관계가 일치하고 있는 가를 살피고 아이디어를 평가하는 능력을 의미한다. 이러한 논리적 사고는 다른 사람을 공감시켜 움직일 수 있게 하며 짧은 시간에 헤매지 않고 사고할 수 있게 한다. 또한 행동을 하기 전에 생각을 먼저하게 하며 주위를 설득하는 일이 훨씬 쉬워진다.

논리적사고를 하기 위해서는 다음 그림과 같이 생각하는 습관, 상대 논리의 구조화, 구체적인 생각, 타인에 대한 이해, 설득의 5가지 요소가 필요하다.

- 생각하는 습관: 논리적 사고에 있어서 가장 기본이 되는 것은 늘 생각하는 습관을 들이는 것이다. 생각할 문제는 우리 주변에 쉽게 찾아볼수있으며, 특정한 문제에 대해서만 생각하는 것이 아니라 일상적인 대화, 회사의 문서, 신문의 사설 등 어디서 어떤 것을 접하든지 늘 생각하는 습관을 들이는 것이 중요하다 "이것은 조금 이상하다", "이것은 재미있지만 왜 재미있는지 알 수 없다"라는 의문이 들었다면 계속해서 왜 그런지에 대해서 생각해보아야 한다. 특히 이런 생각은 출퇴근길, 화장실, 잠자리에 들기 전 등 언제 어디에서나 의문을 가지고 생각하는 습관을 들여야 한다.
- 상대 논리의 구조화: 상사에게 제출한 기획안이 거부되었을 때 자신이 추진하고 있는 프로젝트를 거부당했을 때 '왜 그럴까' ,'왜 자신이 생각하는 것처럼 되지 않을까', '만약 된다고 한다면 무엇이 부족한 것일까' 하고 생각하기 쉽다. 그러나 이때 자신의 논리로만 생각하면 독선에 빠지기 쉽다. 이때에는

상대의 논리를 구조화하는 것이 필요하다 상대의 논리에서 약점을 찾고 자신의 생각을 재구축한다면 분명히 다른 메시지를 전달할 수 있다. 자신의 주장이 받아들여지지 않는 원인 중에 상대 주장에 대한 이해가 부족하다고 하는 것이 있을 수 있다.

- 구체적인 생각: 상대가 말하는 것을 잘 알 수 없을 때에는 구체적으로 생각해보아야 한다. 업무 결과에 대한 구체적인 이미지를 떠올려 본다던가 숫자를 적용하여 표현을 한다든가 하는 방법을 활용하여 구체적인 이미지를 활용하는 것은 단숨에 논리를 이해할 수 있는 경우도 많다.
- 타인에 대한 이해: 상대의 주장에 반론을 제시할 때는 상대 주장의 전부를 부정하지 않는 것이 좋다. 동시에 상대의 인격을 부정해서는 안된다. 예를 들어 “당신이 말하고 있는 것의 이 부분은 이유가 되지 못한다”고 하는 것은 주장의 부정이지만 이런 이유를 설정한다면 애당초 비즈니스맨으로서는 불합격이다 라고 말하는 것은 바람직하지 못하다. 반론을 하든 찬성을 하든 논의를 함으로써 이해가 깊어지거나 논점이 명확해지고 새로운 지식이 생기는 등 긍정적 요인이 생기는 것이 바람직하다.
- 설득: 논리적인 사고는 고정된 견해를 낳는 것이 아니며 더구나 자신의 사상을 강요하는 것도 아니다. 자신이 함께 일을 진행하는 상대와 의논하기도 하고 설득해 나가는 가운데 자신이 깨닫지 못했던 새로운 가치를 발견하고 생각해낼 수가 있다.

또한 반대로 상대에게 반론을 하는 가운데 상대가 미처 깨닫지 못했던 중요한 포인트를 발견할 수있다.

다) 비판적 사고

비판적 사고는 상대방을 모욕하거나 굴복시키기 위해 동의하지 않는 것과는 다르다. 비판적 사고는 어떤 주제나 주장 등에 대해서 적극적으로 분석하고 종합하며 평가하는 능동적인 사고이다. 이러한 비판적 사고는 어떤 논증, 추론, 증거, 가치를 표현한 사례를 타당한 것으로 수용할 것인가 아니면 불합리한 것으로 거절할 것인가에 대한 결정을 내릴 때 요구되는 사고력이다. 비판적 사고는 지엽적이고 시시콜콜한 문제를 트집잡고 물고 늘어지는 것이 아니라 문제의 핵심을 중요한 대상으로 한다. 비판적 사고는 제기된 주장에 어떤 오류나 잘못이 있는가를 찾아내기 위하여 지엽적인 부분을 확대하여 문제로 삼는 것이 아니라 지식, 정보를 바탕으로 한 합당한 근거에 기초를 두고 현상을 분석하고 평가하는 사고이다.

비판적 사고를 개발하기 위해서 다음과 같은 태도가 요구된다.

- 지적 호기심: 여러 가지 다양한 질문이나 문제에 대한 해답을 탐색하고 사건의 원인과 설명을 구하기 위해 왜 언제 누가 어디서 어떻게 무엇을 등에 관한 질문을 제기한다.
- 객관성: 결론에 도달하는데 있어서 감정적 주관적 요소를 배

제하고 경험적 증거나 타당한 논증을 근거로 한다.

- 개방성: 다양한 여러 신념들이 진실일 수 있다는 것을 받아들인다. 편견이나 선입견에 의하여 결정을 내리지 않는다.
- 융통성: 개인의 신념이나 탐구방법을 변경할 수 있다. 특정한 신념의 지배를 받는 고정성, 독단적 태도, 경직성을 배격한다. 우리는 모든 해답을 알 수 없다는 것을 이해하는 것이다.
- 회의성: 모든 신념은 의심스러운 것으로 개방하는 것이다. 적절한 결론이 제시되지 않는 한 결론이 참이라고 받아들여지지 않는다.
- 정직성: 비록 어떤 진술이 우리가 바라는 신념과 대치되는 것이라 할지라도 충분한 증거가 있으면 그것을 진실로 받아들인다.
- 체계성: 결론에 이르기까지 논리적 일관성을 유지한다. 논의하고 있는 문제의 핵심에서 벗어나지 않도록 한다.
- 지속성: 쟁점의 해답을 얻을 때까지 끈질기게 탐색하는 인내심을 갖도록 한다. 증거, 논증의 추구를 포기함이 없이 특정 관점을 지지한다.
- 결단성: 증거가 타당할 땐 결론을 맺는다. 모든 필요한 정보가 획득될 때까지 불필요한 논증, 속단을 피하고 모든 결정을 유보한다.
- 다른 관점에 대한 존중: 내가 틀릴 수 있으며 내가 거절한 아이디어가 옳을 수 있다는 것을 기꺼이 받아들이는 태도이다. 타인의 관점을 경청하고 들은 것에 대하여 정확하게 반응한다.

비판적인 사고를 하기 위해서는 어떤 현상에 대해서 문제의식을 갖고 고정관념을 버려야 한다. 문제의식을 갖고 있다면 주변에서 발생하는 사소한 일에서도 정보를 수집할 수 있으며, 이러한 정보를 통해 새로운 아이디어를 끊임없이 생산해낼 수 있다. 문제 의식은 당장 눈앞의 문제를 자신의 문제로 여기고 진지하게 다룰 생각이 없는 한 절대로 답을 얻을 수없다. 따라서 자신이 지니고 있는 문제와 목적을 확실하고 정확하게 파악하는 것이 비판적인 사고의 시작이다.

라) 문제처리능력

문제처리능력이란 목표와 현상을 분석하고 이 분석결과를 토대로 문제를 도출하여 최적의 해결책을 찾아 실행, 평가해가는 활동을 할 수 있는 능력이다. 이러한 문제처리능력은 문제해결절차를 의미하는 것으로 일반적인 문제해결절차는 다음 그림과 같이 문제인식, 문제도출, 원인분석, 해결안개발, 실행 및 평가의 5단계를 따른다.

- 문제인식: 해결해야 할 전체 문제를 파악하여 우선순위를 정하고 선정문제에 대한 목표를 명확히 하는 단계
- 문제도출: 선정된 문제를 분석하여 해결해야 할 것이 무엇인지 를 명확히 하는 단계

- 원인분석: 파악된 핵심문제에 대한 분석을 통해 근본 원인을 도출하는 단계
- 해결안 개발: 문제로부터 도출된 근본원인을 효과적으로 해결할 수 있는 최적의 해결방안을 수립하는 단계
- 실행 및 평가: 해결안 개발을 통해 만들어진 실행계획을 실제 상황에 적용하는 활동으로 당초 장애가 되는 문제의 원인들을 해결안을 사용하여 제거하는 단계

7 인사노무관리

인사노무관리란 기업 내 조직 목표 달성을 위한 관리 활동의 총칭으로 인사 노무관리의 개념과 영역에 따라 다양한 용어가 쓰이고 있다 미국에서는 노동자 관리, 인사관리, 인력관리, 인적자원관리 등의 용어가 쓰이고 있다 우리나라에서는 인사관리와 노무관리라는 용어로 구분하여 사용하는 경향이 있으며, 인사관리는 근로자의 개별관리(인력의 채용, 배치, 승진, 퇴직 등)를 의미하고, 노무관리는 노사관계를 안정화하기 위한 집단적 관리(단체교섭, 노사협의회, 경영참가제도 등)를 의미한다. 우리나라 국가직무능력표준(NCS: National Competency Standards)에서는 인사와 노무관리를 구분하고 있으며 이에 대한 직무 정의는 다음과 같다.

가) 인사관리

인사는 조직의 목표 달성을 위해 인적자원을 효율적으로 활용하고 육성하기 위하여 직무조사 및 직무분석을 통해 채용, 배치, 육성, 평가, 보사, 승진, 퇴직 등의 제반 사항을 담당하며 조직의 인사제도를 개선 및 운영하는 업무를 수행하는 일이다.

나) 노무관리

노무관리란 노사관계 관리를 의미하며 사용자와 근로자(노동조합) 간의 협력적 노사관계 구축을 위하여 노사갈등을 예방하고 관계를 유지 개선하는 일이다.

다) 인사 노무관리의 필요성

경영활동의 한 영역으로 인식되어온 인사 노무관리는 관리적 차원에서 내부환경과 외부환경을 조율하여 기업의 목표에 맞는 최대한의 성과향상을 위해 조직을 관리하는 것이다.

내부환경적 요소로는 조직의 전략, 기업의 지배구조, 최고경영자 의지, 기업의 가치, 조직의 규모 등을 들 수 있고, 외부환경적 요소로는 노동시장, 정부의 제도, 세계화 기술의 발전, 사회문화적 환경 등이 있다. 이러한 내외부환경의 변화는 기업의 목표달성 및 성과향상에 영향을 주는 요소가 된다.

예컨대 근래에 자동차 산업은 환경문제가 대두됨에 따라 각국은 내연기관 자동차에 대한 규제가 점차 강화되고 있고 내연기관 자동차의 쇠퇴와 함께 수소 또는 전기자동차 등의 친환경 자동차로의 전환이 되고 있다. 이에 기업들은 외부환경의 변화에 딸 신기술의 개발 및 우수한 인적자원을 확보해야 함과 동시에 내부조직이 변화를 위한 조직의 전략, 기업가치, 조직규모의 변화를 해야 한다는 것이다. 즉, 인사노무관리는 기업의 목표달성 및 이윤창출과 관련이 있지만 크게 본다면 기업의 생존과 직결되는 문제라고도 볼 수 있다.

라) 인사노무관리 능력

인사노무관리는 경영활동의 한 영역으로 특정 기업 및 문제에 따라 달라질 수 있는 것으로 정답이라는 것을 제시하기는 힘들지만 방향성은 제시될 수 있다. 내외부환경을 조율하여 각 기업에 적합한 제도 및 기업목표와 최대한의 성과 향상을 위한 인사활동, 재무활동 등을 토한 조직관리를 하는 것이다. 이러한 인사 노무관리 능력을 학습하기 위해서는 조직심리를 비롯하여 인적자원관리론 직무평가법, 직무기반인사제도, 근로기준법, 채용기법, 면접기법, 노동법 및 노사관계에 대한 전반적인 내용을 포괄하고 있다.

8 노동법의 이해

1) 노동법의 개념

노동법은 자본주의의 경제질서 하에서 근로자들의 근로관계를 규율함으로써 그들의 생존확보를 가능하게 하는 법규이다. 이는 사적 소유권 불가침(私的所有權不可侵)의 원칙과 계약자유의 원칙이라는 사적자치(私的自治)의 대원칙에 입각한 근대민법에 대한 반성으로 또는 근로자의 실질적 평등과 자유를 보장함으로써 자본주의의 모순을 수정하기 위해서 생겨난 것이다.

근대민법과 현대민법 원칙의 차이: 근대민법의 3대원칙은 개인의 사회적 · 경제적으로 자유로운 활동을 보장함으로써 자본주의의 급격한 발달을 가져왔다. 그러나 자본주의가 발전해가면서 국가나 사회의 무관심 속에 빈부의 격차가 심해져 국가의 일정한 개입을 필요로 하게 된다. 이것이 현대민법의 법원칙이 생겨난 계기이다.

2) 노동법의 구분

가) 개별적 근로관계법(노동보호법)

근대적 노동법의 효시로 국가의 강제력을 기초로 한다. 주로 근로관계의 성립내용(근로조건)과 소멸을 규율대상으로 하는 것으로 국가 근로조건의 최저기준을 정한 강행법률 체계이다.

- 근로기준보장법: 근로기준법, 최저임금법, 산업안전보건법, 산업재해보상보험법, 임금채권보장법, 파견근로자보호 등에 관한 법률, 선원법 등
- 고용보장법: 남녀고용평등과 일 가정양립지원 관한 법률, 고용정책 기본법, 직업안정법, 고용보험법

나) 집단적 노사관계법(근대적 의미의 노동법의 발전)

근로자들의 근로 3권 확립을 기초로 하는 것으로 주로 임금을 포함한 근로조건의 개선을 목표로 한다. 근로 3권의 보장을 기초로 자주적으로 결성하고 조직한 노동조합에 대하여 사용자와 단체 교섭권을 인정하며 단체협약체결을 통해서 근로자가 사용자와 대등한 위치에서 근로조건을 결정할 수 있도록 하는 법이다. 노동조합 및 노동관계조정법, 노동위원회법, 교원의 노동조합설립 및 운영 등에 관한 법률 등이 있으며, 집단적 노사관계법 근로 3권의 보장을 통하여 간접적으로 근로조건의 향상을 도모한다.

3) 노동법 해석과 적용

가) 상위법 우선의 원칙

원칙은 노동법뿐만 아니라 모든 법에 적용되는 것을 법 또는 법

률은 상위법이 하위법에 우선하여 적용된다는 것이다. 따라서 헌법은 법률에 법률은 시행령에 우선하여 적용된다. 노동관계법령에 위반하는 단체협약과 취업규칙, 또 단체협약이나 취업규칙, 근로계약의 부분은 무횽가 되어 그 부분에 대해서는 단체협약이 적용된다. 나아가서 사용자의 업무 명령은 단체협약 취업규칙 및 근로계약에 저촉되어서는 아니된다.

**** 헌법〉법률〉명령(시행령)〉 단체협약〉 취업규칙〉 근로계약〉사용자의 지시**

나) 신법우선의 원칙

동위(同位)의 법이라도 최근에 제정된 법이 그 이전에 제정된 법에 우선하여 적용한다는 원칙을 말한다. 같은 문제에 대하여 구법과 신법이 서로 어긋나는 경우에 신법을 우선적으로 적용한다는 의미로 예컨대 적용범위가 같은 두 개의 단체협약이 있는 경우 후에 성립된 단체협약이 먼저 적용된다.

다) 특별법 우선의 원칙

일반법에 대해서 특별법이 우선하여 적용된다는 의미이다. 동위 법원에 있어서 특별법규는 그것이 비록 근로자에게 불리하다 하더라도 일반규정에 우선한다. 근로조건에 있어 선원법 또는 남녀고용평등에 관한 내용에 관해 일반법인 근로기준법보다는 특

별법인 선원법 또는 남녀고용평등과 일 가정 양립지원에 관한 법률의 내용이 우선적으로 적용된다

라) 유리조건 우선의 원칙

일반적으로 상위법 우선의 원칙이 적용되나 하위의 법원이 상위의 법원보다 유리한 내용을 규정하고 있을 때 하위의 법원이 우선 적용된다.

4) 근로기준법

① 근로자: 근로자라 함은 직업의 종류와 관계없이 임금을 목적으로 사업이나 사업장에 근로를 제공하는 사람을 말한다. 근로자란 사용자에 대응하는 개념이며, 개인사업자(자영업자)에 반대되는 개념이다 고용관계 중에서 노동법이 보호하고자 하는 종속근로관계에 있는자를 말한다. 이에 실업자는 근로기준법상의 근로자가 아니다.

② 사용자: 사용자라 함은 사업주 또는 사업경영담당자, 그 밖에 근로자에 관한 사항에 대하여 사업주를 위하여 행위하는 자를 말한다.

③ 근로와 근로계약: 근로란 정신노동과 육체노동을 말한다. 근로계약이란 근로자가 사용자에게 근로를 제공하고 사용자는 이에 대하여 임금을 지급하는 것을 목적으로 체결된 계약을 말한다.

④ 임금과 임금의 지급방법: 임금이란 사용자가 근로의 대가로

근로자에게 임금, 봉급, 그 밖에 어떠한 명칭으로든지 지급하는 일체의 금품을 말한다. 임금은 통화로 직접 근로자에게 그 전액을 지급하여야 한다. 다만, 법령 또는 단체협약에 특별한 규정이 있는 경우 임금의 일부를 공제하거나 통화 이외의 것으로 지급할 수 있다. 임금은 매월 1회 이상 일정한 날짜를 정하여 지급하여야 한다. 다만, 임시로 지급하는 임금, 수당, 그 밖에 이에 준하는 것 또는 대통령령으로 정하는 임금에 대하여는 그러하지 아니하다.

5) 임금지급의 4대 원칙

가) 통화지급 원칙

먼저 통화지급 원칙은 임금을 현금으로 지급해야 함을 의미한다. 여기서 통화는 한국은행에서 발행돼 강제 통용되는 법정 화폐를 의미하며, 선원법 등 특별한 규정에 해당되지 않는다면 모두 국내 통화로 지급해야 한다. 이는 근로자가 현금이 아닌 현물 등으로 임금을 지급받음으로써 발생할 수 있는 근로자의 생활 곤란을 방지하기 위함으로, 즉 주식이나 어음, 외화를 임금으로 지급하는 것도 근로기준법 위반으로 주의해야 한다. 최근 많은 사업장에서는 복지포인트나 체력단련비 등 통화가 아닌 금품을 지급하기도 하는데, 법원에서는 복지포인트에 대해 '퇴직금에 포함될 수 있느냐' '근로소득세 과세대상이냐?'는 논란이 있었다. 아직 근로소득세 과세대상 여부에 대한 구체적 판단은 없지만, 근로기준법상 복지포인트는 임금에 해당하지 않는다.

나) 직접지급 원칙

직접지급 원칙이란 근로자에게 임금을 직접 지급해야 함을 의미한다. 너무 당연한 말 같아서 무슨 내용인지 와닿지 않을 수 있겠지만, 예를 들어 근로자의 배우자 혹은 법정대리인이 어느 날 찾아와 임금을 자신에게 달라고 요구한다고 가정해보자. 이때 '임금을 대신 지급해도 될까요?'라고 묻는다면 답은 '아니요'다. '근로자가 미성년자여도요?'라는 질문에 대한 대답 역시 '안 된다'이다. 80년대까지만 해도 노란 월급봉투에 지폐로 '직접' 지급했지만, 최근에는 근로자가 지정한 계좌에 이체하는 것이 일반적인데, 이는 직접지급 원칙에 위반되지 않는다. 즉 임금은 근로자(혹은 근로자가 지정한 계좌)에게 직접 지급해야 한다. 만약 근로자가 본인의 사정으로 인해 급여를 다른 사람의 명의 계좌로 이체해 달라고 요청할 경우 '차명계좌 이체 요청서' 등의 양식을 활용하길 바란다.

다) 전액지급 원칙

전액지급 원칙은 근로자의 경제생활의 안정을 도모하고, 퇴직의 자유를 부당하게 침해받지 않게 하기 위함이다. 그렇다면 4대 보험료 혹은 대출 원리금 등의 원천징수가 전액지급 원칙에 반하는 것은 아닐까? 아니다. 전액지급 원칙의 예외로 각종 법령이나 단체협약에 정함이 있는 경우 임금의 일부를 공제할 수 있다. 즉, 흔히 임금에서 공제되는 4대 보험료와 대출 원리금, 기숙사비 등은 공제 가능하다.

라) 정기지급 원칙

정기지급 원칙이란 매월 1회 이상 임금을 지정된 일자를 정해 지급해야 함을 의미한다. 연봉제의 경우 연봉의 12분의 1을 매월 정해진 날에 지급하고, 일급이나 주급제의 경우에는 월 1회 또는 1주의 1회 등 지급방식을 정해 지급하는 것도 가능하다. 일반적으로 매월 1일부터 말일까지를 산정 기간으로 그다음 달 5일 혹은 10일에 지급(후지급)한다. 당월 25일을 지급일로 하게 되는 경우 '후지급+선지급'으로, 근로자가 퇴사한다면 미리 지급된 5~6일 치의 급여 반환이 곤란할 수 있으므로 가급적이면 5일 혹은 10일 지급을 권하는 바다.

6) 평균임금과 통상임금

'평균임금'이란 이를 산정하여야 할 사유가 발생한 날 이전 3개월 동안 그 근로자에게 지급된 임금의 총액을 그기간의 총일수로 나눈 금액을 말한다. 근로자가 취업한 후 3개월 미만인 경우도 이에 준한다.

'통상임금'이란 근로자에게 정기적, 일률적, 고정적으로 소정근로 또는 총근로에 대하여 지급하기로 정하여진 시간급, 일급, 주급, 월급 또는 도급 금액을 말한다. 즉 1 근로시간 또는 1 근로일에 대하여 지급하기로 노사계약에 명시한 통상적인 임금액을 말한다.

7) 근로계약의 성립과해지

가) 근로기준법 위반의 근로계약(제16조)

근로기준법에서 정한 기준에 미달하는 근로조건을 정한 근로계약은 그 부분에 한하여 무효로 한다. 무효로 된 부분은 근로기준법에 정한 기준에 의한다.

나) 근로조건의 명시(제17조)

사용자는 근로계약을 체결할 때에 근로자에 대하여 임금, 소정근로시간, 휴일, 연차 유급휴가, 기타의 근로조건을 명시하여야 한다. 이 경우 임금의 구성항목, 계산방법 및 지불방법에 관한 사항에 대하여는 대통령령으로 정하는 방법에 따라 명시하여야 한다. 근로계약을 체결시 위의 근로조건을 명시된 서면을 근로자에게 교부하여야 한다. 다만, 단체협약 또는 취업 규칙의 변경 등에 의해 변경되는 경우에는 근로자의 요구시 근로자에게 교부해야 한다.

[표 3-5] 근로조건의 명시

서면명시 (중요 근로조건)	① 임금의 구성항목, 계산방법, 지급방법 ② 소정근로시간 ③ 주휴일 ④ 연차유급휴가
단순명시	⑤취업의 장소, 종사업무 ⑥ 취업규칙의 필수기재사항 ⑦ 사업장 부속 기숙사에 근무하게 할 경우 기숙사 규칙에서 정한 사항
근로계약을 체결할때	사용자는 근로계약 체결시 근로자에게 ①~⑦에 따른 근로조건을 명시하여야 함
근로조건을 변경할때	①~④ 의 근로조건이 변경되는 경우에도 서면으로 명시 교부 ⑤~⑦의 근로조건이 변경되는 경우에는 구두 등으로 명시 가능

다) 위약예정의 금지(제20조)

사용자는 근로계약 불이행에 대한 위약금 또는 손해배상액을 예정하는 계약을 체결하지 못한다. 이는 위약금이나 손해배상액을 예정함으로써 근로자의 자유의사를 구속하여 강제근로를 행할 우려를 방지하기 위한 취지이다. 그러나 근로자가 불법행위 또는 고의로 회사에 손해를 보게 하였을 경우는 손해배상 청구가 가능하다.

라) 전차금 상계의 금지(제21조)

사용자는 전차금 기타 근로할 것을 조건으로 하는 전대채권과 임금을 상계하지 못한다. 전차금이란 근로자가 근로계약을 체결할 때 앞으로 받을 예정인 임금에서 변제할 것을 조건으로 사용자로부터 차입하는 금전을 말한다. 전대채권은 전차금 이외에 근로할 것을 조건으로 사용자가 근로자 또는 친권자 등에게 지급하는 금전을 말한다.

마) 강제저금의 금지(제22조)

사용자는 근로계약에 덧붙여 강제 저축또는 저축금의 관리를 규정하는 계약을 체결하지 못한다. 사용자가 근로자의 위탁으로 저축을 관리하는 경우에는 저축의 종류 기간 및 금융기관을 근로자가 결정하고 근로자 본인의 이름으로 저축하고 근로자가 저축증서 등 관련 자료의 열람 또는 반환을 요구할 때에 즉시 이에 따라야 한다.

바) 해고의 예고(제26조)

사용자는 근로자를 해고(경영상 이유에 의한 해고를 포함한다)하려면 적어도 30일 전에 예고를 하여야 하고, 30일 전에 예고를 하지 아니하였을 때에는 30일분 이상의 통상임금을 지급하여야 한다. 다만, 근로자가 계속 근로한 기간이 3개월 미만인 경우, 천재 · 사변, 그 밖의 부득이한 사유로 사업을 계속하는 것이 불가능한 경우, 또는 근로자가 고의로 사업에 막대한 지장을 초래하거나 재산상의 손해를 끼친 경우로서 고용노동부령으로 정하는 사유에 해당하는 경우에는 그러하지 아니하다.

〈예고해고의 적용 예외〉

① 일용근로자로서 3개월을 계속 근무하지 아니한 자

② 2개월 이내의 기간을 정하여 사용된 자

③ 월급근로자로서 6개월이 되지 못한 자

④ 계절적 업무에 6개월 이내의 기간을 정하여 사용한 자

⑤ 수습 사용중인 근로자

사) 해고사유 등의 서면통지(제27조)

사용자는 근로자를 해고하려면 해고사유와 해고시기를 서면으로 통지하여야 한다. 근로자에 대한 해고는 서면으로 통지하여야 효력이 있다. 사용자가 해고의 예고를 해고사유와 해고시기를 명시하여 서면으로 한 경우에는 해고 통지를 한 것으로 본다.

〈해고는 서면으로 해야 해고 효력이 발생〉

구두 등(서면외 방법)으로 행한 해고의효력

〈서면에는 해고사유와 해고시기를 명시〉

- 해고의 의사표시는 구두로 하더라도 성립하지만 부당해고가 됨
- 이메일, 휴대폰, 문자 등을 이용하여 통지한 해고도 서면해고 통보로 보기 어려움

제 4 장

NCS 채용 및 입사지원서 작성하기

1. 채용공고 분석
2. 입사지원서 작성의 실제
3. 자기소개서 작성의 실제

1 채용공고 분석

성실함으로 최선을 다하는 인재로 취업을 준비하던 시대는 지났다. 기업의 비전과 목표에 공감하고 함께 성장할 수 있는 인재를 원하는 기업과 본인의 존재 가치를 인정받으면서 성장하고 싶은 개인이 함께 win-win하려는 시대로 변화하고 있기 때문이다.

코로나19 이후 비대면 문화, AI와 Chat-gpt의 활용이 커지는 가운데 채용시장도 유래없는 변화를 보여주고 있다. 2024년 경기둔화와 함께 채용규모가 축소되고 있음에도 불구하고 기업 인사담당자들은 인재 확보의 중요성이 더욱 커질 것이라 전망하고 있다. 단순히 뛰어난 실력의 사람이 아닌 '기업과 잘 맞는 사람'을 채용하는 '질적 채용'에 주목하고 있다.

NCS기반 능력중심 채용 제도를 시행하는 관공서 및 공공기관에 취업을 희망하는 경우 국가직무능력표준(NCS)사이트에서 제공하는 정보를 활용하면 취업 성공을 앞당길 수 있다.

정보를 조사하고 나에게 맞는 자료를 준비하여 취업으로 활용할 수 있도록 한다.

1) 국가직무능력표준사이트(www.ncs.go.kr) 회원가입

무료 회원가입으로 다양한 정보를 활용할수 있으며 비회원인 경우 정보 제한이 있을 수 있으므로 먼저 회원가입을 해두는 것이 좋다.

2) 단계별 절차

[그림 4-1] NCS기반 능력중심채용 공고 파헤치기로 취업준비를 하는 단계

1단계	2단계	3단계	4단계	5단계
능력중심채용사이트 채용공고 검색	채용공고 공통 항목 확인	채용공고 직무설명자료 파헤치기	NCS통합포털사이트 채용분야 직무기술서 조사	취업진로(분야) 직무기술서 활용

가) 1단계: 국가직무능력표준 사이트에서 '공정채용' 검색

국가직무능력표준사이트에 접속하여 공정채용이라는 상단의 메뉴를 클릭하여 채용과 관련 정보와 구직자취업준비 및 자료실 등의 내용이 공개되어 있는 것을 확인할 수 있다.

일반적으로 기관 및 대기업은 매년 정해진 기간에 채용을 진행하므로 미리 채용모집 기간도 확인하고 미리 입사지원을 위한 계획을 수립할 수 있다.

[그림 4-2] 공정채용

나) 2단계: 채용공고 확인하기

취업을 희망하는 직종을 채용했던 기관을 검색하여 공고를 열람한다. 먼저 채용공고 항목을 꼼꼼히 읽어본 후 채용공고 첨부 직무설명서자료를 다운받아서 활용한다. 채용공고를 한눈에 보기 쉽도록 월별 채용 목록으로 열람도 가능하다.

다) 3단계: 채용공고 첨부파일 직무설명자료 파헤치기

직무설명자료는 지원자격에서 요구하는 학력수준에서 수행할 수 있는 업무 능력단위를 정리해놓은 자료이다. 채용공고에서 제공한 직무설명서는 학교에서 학습한 지식과 기술, 그리고 업무를 수행할 때 필요로 하는 태도로 입사지원 평가기준으로 활용된다는 의미이다.

즉, 직무설명서는 학교에서 학습한 내용이 회사실무로 활용되는 사항을 정리해놓은 자료이다.

[그림 4-3]

[그림 4-4] 오늘의 채용

기관 채용공고에서 제공한 직무설명자료를 열람하면 채용분야, 직무내용, 필요지식, 필요기술, 직무수행태도, 직업기초능력, NCS사이트 안내 등 항목별로 구분한 정보들이 안내되어 있다.

[그림 4-5] 직무기술서

한국원자력안전재단 NCS 기반 채용
공무직(실무) 직무기술서

※ 하기 직무기술서는 현재 개발된 NCS 가운데 재단 채용직무와 관련된 대표적 NCS 선정하여 작성하였습니다. 향후 NCS 개발동향과 재단 내 주요 사업변경 및 내·외부상황에 따라 변경될 수 있음을 양지하기 바랍니다.

NCS기반 채용 직무 설명자료 : 회계/행정

채용분야	회계/행정	분류체계	대분류	02. 경영·회계·사무
			중분류	03. 재무·회계
			소분류	02. 회계
			세분류	01. 회계·감사, 02.세무

재단 주요사업	• 원자력안전 R&D 기획·평가·관리 및 실태조사·국제협력지원 • 원전기기 성능검증기관 인증 및 관리 • 종사자 방사선방호 기록 관리 및 수출입요건 확인, 방사선장해방지 • 원자력 안전규제 정책수요 및 기초자료 조사분석 • 종사자안전규제 정보 분석 및 관리 • 방사선작업종사자 교육·훈련 • 원자력기금(원자력안전규제계정) 관리 · 운용
직무수행 내용	• 전산시스템 활용 회계전표 작성 등 출납업무 수행 • 원천세/지방세 납부 등 세무 관련 업무, 연말정산 업무 등 수행 • 회계결산 및 회계감사 업무 지원, 법인통장 및 법인카드 관리 등 • 재단 운영비 지출관리 등 총무업무 지원
전형방법	• 서류전형 → 필기전형 → 면접전형 → 합격자 선정
지원요건	• 지원요건은 공고문 참조
필요지식 (Knowledge)	• 기본적인 회계처리 절차 및 용어 등에 대한 지식 또는 이해 • 기본적인 세무업무(원천세 납부 등) 절차 및 용어에 대한 지식 또는 이해 • 공공기관 행정·사무에 대한 지식 또는 이해
필요기술 (Skill)	• 한글, 엑셀 등 기본적인 문서 작성 능력 • 기관내 출납업무 관련 담당자와의 원활한 업무협의 및 소통 능력 • 전산회계시스템 활용에 대한 기본적인 이해 능력 • 행정업무의 원활한 지원을 위한 신속한 업무 파악 능력
직무수행 태도 (Attitude)	• 객관적이고 논리적인 사고 노력 • 성실하고 적극적인 업무 자세 • 의사소통 노력 • 상호 업무협조 노력 및 존중 태도 • 반부패 및 청렴의식
필요자격	• 회계 및 세무 관련 국가공인자격증 우대
직업기초 능력	• 의사소통능력, 수리능력, 문제해결능력, 자기개발능력, 자원관리능력, 대인관계능력, 정보능력, 기술능력, 조직이해능력, 직업윤리
참고 사이트	• www.ncs.go.kr • www.kofons.or.kr

[출처 : NCS공정체용사이트 채용공고-2025년 원자력안전재단 공무직 직무기술서]

항목별로 안내된 내용을 보면 구체적 설명자료 없이 요약형식으로 정리되어 있다. 기관채용공고 첨부파일 직무설명자료에서 본인이 현업에서 수행가능한 업무내용인지 부족한 부분을 보완할 수 있는지 판단하여 취업자료 또는 취업진로를 결정하는 것도 좋은 방법이다.

2 입사지원서 작성의 실제

채용분야 기준으로 국가직무능력표준(NCS) 사이트에서 검색한 직무기술서와 입사지원서에는 학교에서 학습한 지식 및 기술을 직무에서 실제 활용할 수 있는지 확인할 수 있다.

특히 입사지원서 작성 시에는 직업기초능력과 직무수행능력(기술, 지식)은 이력서에 기입하고 보유활동 및 업무수행 태도와 관련된 경험은 자기소개서에 기입한다. 작성된 입사지원서 내용은 면접으로 연결되기도 한다.

[NCS기반 능력중심 직무기술서와 입사지원서]

공공기관 및 NCS 기반 능력중심제도를 채택한 기업에서는 전용 서식으로 입사지원서를 작성하게 되어있다. 크게 두 가지로 구분하여 입사지원서를 작성하는 방법을 각각 알아보자.

1) 이력서 작성

가) NCS기반 능력중심 채용 제도에서 접수하는 이력서

직무분야 및 기관이 지정하는 조건에 따라 요구 내용이 다를 수 있으나 이력서는 인적사항, 교육사항, 자격사항, 경력 및 경험사항 항목으로 구성된 서식이다.

[그림 4-6] 이력서

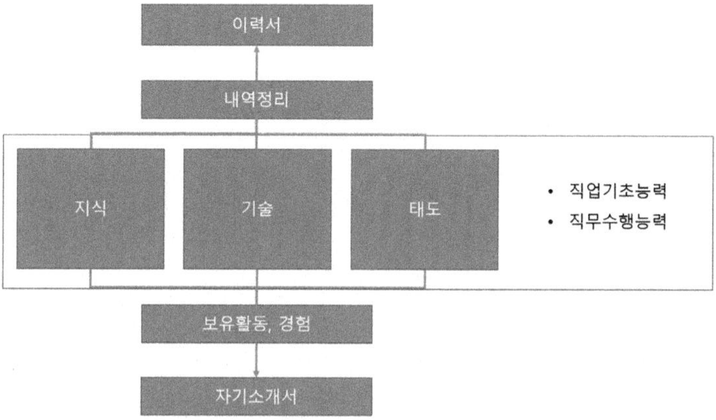

- 인적사항: 입사지원의 기본사항을 기록하는 항목으로서 중요한 항목이다. 채용심사 결과를 연락받을 수 있는 항목이 기입되는 사항이기 때문이다.
- 비상연락처: 필히 연락가능한 가족 및 지인의 연락처를 기입한다. 가끔 본인 핸드폰 연락을 중복으로 기입하거나, 낮에는 아무도 없는 집 전화번화를 기록하는 경우가 있다. 채용심사 결과를 연락하고자 했을 때 대상자가 전화나 전자메일을 받지 못하면 어떻게 될까? 이유 없이 채용 심사에 불응하는 결과로 연결되어 채용 탈락으로 이어질 수 있다.
- 전자우편: 입사지원자 본인이 의미를 부여한 영문과 숫자 등으로 조합된 길고 긴 전자우편 주소가 기입되는 경우가 종종 있다. 이럴땐 가능하면 본인 이름 이니셜로 짧은 전자우편 주

소를 새로 새로 개설하여 기입해라. 인사 담당자 실수로 길고 긴 전자우편 입력시 오타 처리하였다면 채용 심사 연락은 당연히 받지 못할 것이다.

- 교육사항: 채용분야 직무설명서에 기재된 능력을 보유했는지 확인하기 위한 항목이다. 교육 이수 기준은 채용 분야 세분류 기준으로 직무 수행 능력과 직업기초능력에 관련된 교육으로 예라고 체크한 항목은 하단 박스 교육과명, 시간, 성적 등을 기입한다.
- 자격사항: 채용 분야 세분류 기준으로 국가직무능력표준(NCS) 사이트에서 검색한 직무기술서에 있는 자격증 내역을 기입하는 항목이다. 채용분야 직무 수행하는 능력단위를 평가하는 내용으로 채용분야 자격증만 기입한다.
- 경력 또는 경험사항: 채용 분야 세분류 기준으로 직무기술서에 명시된 내용과 관련된 경력이나 경험을 기입하는 항목이다. 직무 능력수준을 평가하는 항목으로 경험 및 경력기술서에 구체적인 내용을 작성한다.

경력: 금전적 보수를 받고 수행한 활동
경험: 금전적 보수를 받지 않고 활동한 경험(동호회, 과제수행 프로젝트 활동 등)

학교 졸업 후 직장경력없이 바로 취업하는 대상자는 금전적 보수를 받고 수행한 활동이 없을 수도 있다. 그런 경우 기입하지 않아도 된다. 그러나 아르바이트 경력 또는 경험이 있는 경우 본인 직무와 연결시켜서 기입하는 것이 유리할 수 있다. 아르바이트 경력 또는 경험업무를 세분화하여 직무와 연결시켜 보는 것도 좋을 것이다.

〈이력서 작성 TIP〉

① 사진 (지원서 제출 6개월 이내 촬영 사진으로 사용)

② 회사에서 지정한 서식 유무 확인

③ 회사에서 지정한 OA문서 확인(예: 한컴오피스, MS워드, 파워포인트 등)

④ 자유서식으로 사용할 경우 학력, 경력, 자격사항 구분된 서식 사용

⑤ 자유서식으로 사용할 경우 빈칸없이 작성(예: 빈칸 삭제 또는 해당사항 없음 기재)

⑥ 별도 연락 가능한 비상 연락처 구분하여 기록

⑦ 전자메일 주소 짧고 식별 가능한 전자메일 주소로 기록

⑧ 제출 방법 확인: 취업포털 사이트, 채용 홈페이지 또는 인사담당자 전자메일 등

[출처:NCS활용취업성공가이드북 발췌]

3 자기소개서 작성의 실제

1) NCS기반 능력중심채용 자기소개서 작성

과거 자기소개서는 성장부터 현재 생활까지 지원자의 일생이 표현된 내용이 대부분이었다. 이에 채용과정에서 구성과 표현방식이 비슷하게 작성된 게 많아 자기소개서 서류로 지원자를 검토하여 선발하기 어려운점이 많았다. '근엄한 아버지께 책임감을 배웠으며, 인자하신 어머니께 배려심을 배웠다'는 표현으로 시작되는 식상한 자기소개서는 더 이상 써서는 안된다. NCS기반 능력중심 자기소개서는 직무중심과 직업기초능력 평가항목으로 구성된 서식이 제공된다.

입사지원자는 자기소개서 질문 항목별로 직무 수행 능력에 맞게 본인의 경험을 중심으로 구체적으로 기재하는 것이다.

〈기획서 내용 작성시 유의사항〉

- 내최근 5년 동안에 귀하가 성취한 일 중에서 가장 자랑할 만한 것은 무엇입니까? 그것을 성취하기 위해 귀하는 어떤 일을 했습니까?(A사)
- 예상치 못했던 문제로 인해 계획대로 일이 진행되지 않았을 때, 책임감을 가지고 적극적으로 끝까지 업무를 수행해내어 성공적으로 마무리했던 경험이 있으면 서술해 주십시오(B사)
- 현재 자신의 위치에 오기 위해 수행해온 노력과 지원한 직무 분야에서 성공을 위한 노력 및 계획을 기술해주십시오(C사)
- 약속과 원칙을 지켜 신뢰를 형성/유지했던 경험에 대해 기술해주십시오(D사)

[출처: NCS 능력중심채용사이트 자료실 – NCS기반 능력중심채용 이드북(인사담당자용)]

NCS 통합포털 사이트에서 제공한 인사담당자용 가이드북 자기소개서 평가 및 활용 예시를 참고해보면 채용회사는 지원동기(조직/직무) 조직적합성(핵심가치/인재상), 직무적합성(직무역량)으로 평가하고 면접 전형에 활용할 수도 있음을 알 수 있다.

[그림 4-7] 자기소개서 평가 및 활용 예시

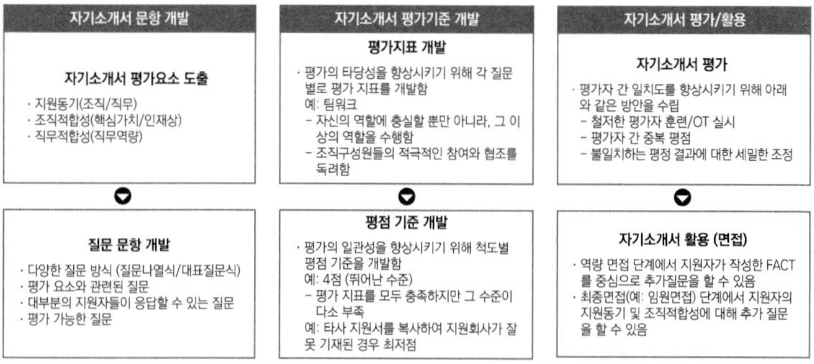

[출처 : NCS국가직무능력표준사이트 자료실-NCS기반 능력중심채용 가이드북]

채용심사 담당자는 일반적인 성장배경보다는 실무 지식을 활용하여 조직에 적응하고 함께 성장할 수 있는 인재인지 자기소개서를 통해 확인하고자 한다. 그러므로 지원자는 자기소개서 작성 이전에 실무 지식과 기술을 활용할 수 있는 능력과 직무에 대한 정확한 이해, 회사의 비전과 목표를 두고 함께 성장할 수 있는 경력개발 계획에 관련된 내용이 포함되어있어야 한다.

즉 실무 지식과 기술을 활용했던 경험담이나 직무 역량을 향상하기 위한 경험 등으로 능력과 직무에 대한 이해도를 표현한다. 따라서 입사 후 실무자에서 전문가 단계까지 능력개발을 위해서 경력개발 목표가 구체적으로 자기소개서에 표현되어야 한다.

자기소개서 작성하기 이전에 채용 분야에서 요구하는 직업기초능력을 파악하는 것이 중요하므로 국가직무능력표준(NCS) 사이트에서 채용분야 직업기초능력을 확인하도록 한다.

[그림 4-8]

[그림 4-9]

[출처:NCS 통합포털사이트 NCS학습모듈 2024년 2월 검색]

채용분야 직무에서 요구하는 직업기초능력을 확인하였다면 직무중심경험으로 접근하여 자기소개서를 작성한다.

직무에서 요구하는 기술, 지식, 태도를 기준으로 문제해결능력에 대한 경험을 구체적으로 표현하도록 한다. 너무 막연하다고 생각되면 경력 및 경험 기술서에 기록된 내용에서 문제발생 요인을 정리해보고 문제해결을 위해서 본인이 제시했던 해결책, 문제해결을 위한 행동요인 등을 기억하여 정리하는 방법도 있다.

NCS기반 능력중심 자기소개서는 자신을 표현하는 내용이 일관되고 명확해졌다. 그러나 간단하고 명확한 내용이라도 사전에 직무에 대한 이해도가 없으면 작성하기가 어렵다. 따라서 자신이 수행해야 할 직무분야 기술, 지식, 태도에 대한 이해도를 먼저 높이는 것이 중요하다.

2) 자유서식 자기소개서 능력중심으로 작성하기

성장배경, 장단점등 일반적인 경험으로 준비된 인재임을 표현하는 자기소개서 시대는 지났다. 준비된 인재라 함은 실무적인 지식과 기술을 활용할 수 있으며, 실무와 관련된 경험을 가지고 있는 것이다. 그러므로 ncs기반 능력인 직무 중심으로 접근해야 한다.

취업에 필요한 자료들이 많이 공개되고 있다. 국가직무능력표준사이트에서 직무기술서를 활용하여 채용분야 직무지식, 기술, 태도 등에대한 자료를 구하는 방법도 있으나 다른 경로에서 채용

분야 직무 정보를 얻고자 한다면 사람인 취업포털 사이트 자료통 〉직업정보〉직업사전을 검색해보는 방법도 잇다.

직무관련지식과 기술 학습을 위한 경험, 활용했던 경험, 실무적으로 조직에 적응할 수 있는 태도를 가진 성격을 가진 사람으로서회사 성장에 기여하고 개인의 가치를 성장시킬 수 있는 비전 잇는 인재임을 자기소개서에 작성한다. 작성할 때 다음 형식으로 표현하는 것이 좋다.

한가지 경험으로 직무에 적합한 인재임을 보여줄 수 있다. 한가지 경험 안에 실무지식, 기술을 활용한 방법, 문제해결방법, 대인관계를 구체적으로 표현하는 것이 직무에 적합한 인재임을 부각할 수 있다. 구체적인 내용없이 어렸을 때, 학교때, 아르바이트때 친구와 등 많은 경험을 나열하여 자신을 부각하는 구시대적인 방법에서 벗어나자. 혼자 한 경험보다 함께한 경험이 조직에 적합한 인재임을 보여줄 수 있다.

회사일은 단독으로 성과를 창출하는 것이 아니다. 혼자 수행하는 업무라도 조직의 협업에 의하여 최종 성과물이 나오게 되어 있다. 혼자 모든 것을 해결하고 잘했다는 경험보다는 그룹으로 함께한 경험 활동 안에서 본인의 행동했던 역할을 표현하는 것이 조직에 적합한 인재로 부각될 수있다. 혼자 모든 것을 처리했다는 것은 도움을 받지도 도움을 주지도 않는 사람으로 표현될 수 있다.

알고있는 지식보다 활용할 수 있는 지식과 기술내용이 직무능력을 갖춘 인재임을 보여줄 수 있다. 실무 능력 향상을 위하여 학교 또는 직업훈련기관에서 많은 지식과기술 습득한다. 예를 들어서 OA활용능력이 뛰어나다고 사용할 수 있는 OA 프로그램명을 나열하는 것보다 엑셀 피벗테이블로 매출보고서 작성 가능이라고 표현하는 것이 직무를 위한 지식, 기술활용 능력이 있는 인재임을 보여줄 수 있다.

비전에 대한 구체적 목표가 조직성장에 필요한 인재로 보여줄 수 있다. 회사에 입사하는 모두가 처음에는 열심히 최선을 다한다고 이야기 한다. 또한 자기소개서에 이 문장을 그대로 기입하는 경우가 잇다. 열심히 최선을 다하는 에너지는 회사생활을 하다보면 길게 가지 못하는 경우가 많다. 단계별 구체적 목표가 없다면 열심히 최선을 다해야 하는 이유가 없기 때문이다. 실무단계에서 중간관리자, 책임자, 리더 단계까지 본인의 역량 개발을 위한 단계적 계획이 구체적으로 개인 가치 성장과 더불어 회사성장으로 연결될 수 잇는 인재임을 확이할 수 있다.

3) NCS 필기전형

NCS 기반 필기전형은 채용공고 단계의 직무설명자료에서 제시되는 직업기초능력과 직무수행능력을 측정하기 위한 자필 시험이다. 평가는 선다형, 진위형, 단답형, 연결형, 논술형 등 다양한 형태로 이루어질 수 있다.

〈직업기초능력〉

직무수행능력을 최대한 발휘하기 위해 대부분의 산업분야에서 공통적으로 사용되는 능력으로 총 10개 영역에서 34개 하위영역으로 구성된다. 해당 공공기관의 인재상과 해당 직무의 특성을 반영하여 중요도에 따라 채용에 필요한 핵심 영역만 도출하여 평가를 실시한다.

〈직무수행능력〉

해당 직무(업무)를 수행하는 데 필요한 구체적인 능력을 말하는데 지식, 기술, 태도를 아우르는 능력이다. 직무수행을 위해 필요한 능력(지식, 기술, 태도)을 NCS 기반 필기 평가를 통해 측정하고 있다. 실제 현업에 종사하는 직무전문가가 참여하여 평가 문항을 개발한다.

[취업준비생을 위한 NCS기반 능력중심 가이드북]

① 직업기초능력의 구성: 직업에서 공통적으로 요구하는 기초 역량으로는 총 10개영역 34개 하위영역으로 구성되어 있다.

제 5 장

진로탐색을 위한 자기 분석

1. DISC 행동유형분석
2. MBTI 성격유형분석
3. SWOT 분석
4. 홀랜드의 성격, 행동유형분석

자신의 직업적 흥미나 적성을 알아보기 위한 다양한 검사들이 있는데 대표적인 검사가 DISC 행동유형분석, MBTI, 애니어 그램 등이 있다. 진로를 선택할 때는 자신의 흥미, 적성, 성격, 가치관 등을 고려해야 한다. 그래야만 자신에게 어울리는 직업 분야와 직무를 찾을 수 있다. 먼저 SWOT 분석을 통해 나 자신의 강점을 활용해 약점을 극복할 수 있는 전략과 기회를 활용해 위기를 극복할 수 있는 전략을 준비해보자.

1 DISC 행동유형분석

20세기에 개발된 종합 심리 검사로 성격과 행동 유형에 따라 사람들을 4가지 유형으로 분류한다.

- D형(Dominant): 주도형 외향적 사고형
- I형(Influential): 사교형, 외향적 감정형
- S형(Steady): 안정형, 내향적 감정형
- C형(Compliant): 신중형, 내향적 사고형

디스크 검사는 아메리칸대학교와 터프츠대학교 심리학과 윌리엄 몰튼 마스톤(william Moulton Marston) 교수에 의해 처음으로 소개됐다.

먼저 외향형에 해당하는 D형과 I형은 성격을 밖으로 표현한다. 말을 많이 하고 행동도 과감하다. D와 I 중 하나만 높거나 둘다 갖고 있다면 외향형이라고 볼 수 있다.

내향형인 S형과 C형은 자신의 성격을 밖으로 잘 표현하지 않는다. 말수가 적고 행동은 느리다. S와 C 중 하나만 높아도 내향적인 기질이 있으며, 둘 다 높으면 강한 내향적인 사람이다.

D형과 C형은 일 중심형이다. 일 중심형은 일이나 돈의 지급기한 등을 확실하게 지키며 일이 우선인 사람들이다. 즉, 업무에 있

어 책임감이 강하고 맡은 바 역할 수행을 잘한다고 평가된다.

I형과 S형이 사람 중 심이다. 사람 중심형은 마음이 쉽게 약해진다. 타인의 형편에 잘 공감한다. 단호하게 잘라서 요구하는 게 어렵다. 사람 중심이 강하면 일처리가 상대적으로 제대로 되지 않을 가능성이 커진다.

[그림 5-1] DISC 행동유형분석

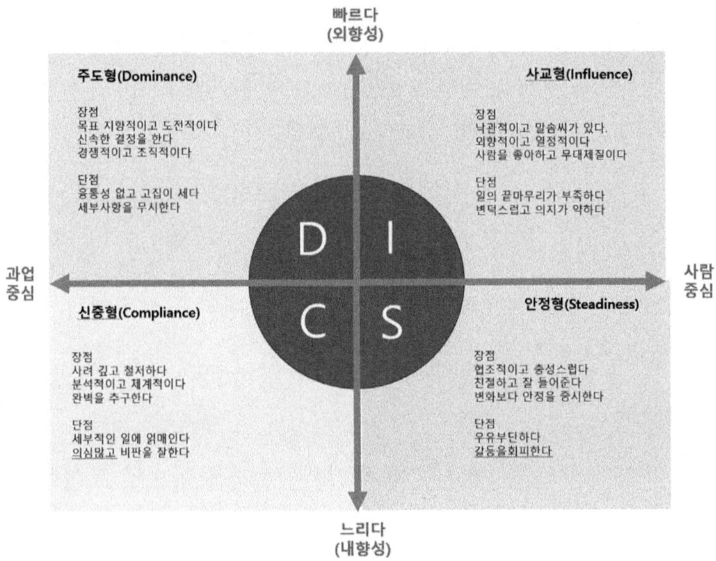

2 MBTI 성격유형분석

1) 융(Jung)의 성격 유형론

스위스의 정신과 의사인 Jung(1875~1961)은 인간이 같은 사물을 보아도 서로 다르게 보고 다르게 판단하며, 판단한 것을 다르게 행동으로 표현하는 것을 개인마다의 일관된 자연스러운 경향으로 보았다. 즉 정보를 처리하고 결정을 내리는 선호방식에 따라 인간의 성격유형을 분류할 수 있다고 보고 인간은 정보에 영향을 미치거나 받아들이거나 반응하는데 있어서 저마다의 선호하는 방식을 발달시켜 나간다고 보았다.

이와 같은 Jung의 심리유형이론의 핵심은 인간의 행동이 겉으로는 자신이 선호하는 방식에 따라 다르게 나타나지만 개인 내부에는 일정한 일관성과 질서가 있다고 보는 것이다(김정택 · 심혜숙 · 제석봉, 1995, p.72).

Jung은 심리유형론은 에너지 보존의 법칙을 따르는데, 외적 자극은 정신에 끊임없는 자극을 일으켜 에너지를 공급하는데 Jung은 이 에너지를 “libido"라 불렀다. Jung이 말하는 ”libido"란 욕망, 공복, 갈등, 성욕 등으로 Freud의 libido와는 다른 개념이다. Jung은 성격이 에너지 보존의 법칙에 따라서 2가지의 태도(외향성과 내향성)와 4가지의 심리학적 기능(감각, 직관, 사고, 감정)으로 구성된다고 보았다. Jung(1959)의 심리유형론의 특징은 심리적 경향의 역동적인 관계를 중시한다는 것이다. 즉 몇 가지 특징적인 경향이 지니는 구조간의 동적 관계를 일반적인 태도상에서 보이는 내향적 태도와 외향적 태도, 정신기능을 중심으로 하는 감각과 직관, 사고와 감정의 기능으로 분류한다.

2) MBTI의 개념

MBTI(Myers-Briggs Type Indicator)는 융(C.G. Jung)의 심리유형 이론을 근거로 미국의 심리학자 마이어스 브릭스(Katharine & Isabel Myers-Briggs) 모녀가 개발한 자기보고형 성격유형 검사로 사람의 성격을 16가지 유형으로 나누어 설명한다.

3) MBTI 성격유형의 4가지 선호 경향

① 에너지의 방향에 따라 외향형과 내향형으로 나뉜다: 외향형 사람들은 외부 세계를 지향하고 사람과 행동, 사물 등의 외부 자극에서 에너지를 얻는다. 이들은 광범위한 분야에서 흥미를 느끼며 세상을 이해하기 위해 외적 경험을 원하고 먼저 행동으로 체험하려는 경향이 있다. 이들은 많은 사람과 폭넓은 인간관계를 맺으며 자기표현이 자유롭고 활동적이다.

내향형 사람들은 주로 내적 세계를 지향하고 개념이나 생각을 혼자 간직하려는 경향이 있다. 이들은 자신을 반추할 혼자만의 시간을 원하며 이 시간에 에너지를 비축한다. 또한 말하기 전에 생각하는 시간이 필요하기에 신중하게 고려한 다음 행동하는

편이다. 소수 사람과 깊은 관계를 맺으며 침착하다

② 인식 기능에 따라 감각형과 직관형으로 나뉜다: 감각기능을 선호하는 사람들은 자신의 내적 외적 세계에 무엇이 존재하는지 그리고 그것이 어떻게 발생하는지에 대한 정보를 시각, 청각, 후각, 미각, 촉각을 통해 받아들이는 경향이 있다. 이것은 상황의 실체를 이해하는데 특히 유용하다. 감각형 사람드은 '지금 여기'를 중요시하므로 현실적이고 실용적인 특징을 드러낸다. 이들은 현재를 있는 그대로 즐기며 구체적이고 단계적으로 업무를 수행하는 근면하고 성실한 태도를 얻는다.
직관기능을 선호하는 사람들은 오감을 통해 얻은 사실적 정보의 차원을 넘어 가능성이나 숨겨진 의미와 전체적인 관계를 육감을 통해 수집한다. 이들은 전체를 파악하고 새로운 일처리 방식을 추구하며 아이디어와 상상력이 풍부하고 영감에 더 큰 비중과 가치를 둔다. 이들은 현재에 머무르기보다는 미래의 성취와 변화, 다양성을 중요하게 생각하고 새롭고 복잡한 일을 추구하는 편이다.

③ 판단 기능에 따라 사고형과 감정형으로 나뉜다: 사고형 사람들은 어떤 특별한 선택이나 행동에 대한 논리적인 결과를 예측하며 객관적인 판단기준에 따라 정보를 분석, 비교하고 나서 의사를 결정한다. 이들은 일관성과 타당성을 기준으로 자신의 주관

적인 감정과 태도에 상관없이 원리 원칙에 입각하여 모든 것을 결정한다. 자신이 개인적으로 느끼는 가치나 감정보다는 무엇이 옳고 그르냐는 객관적 기준과 공정성을 중시하는 편이다.
감정형 사람들은 타인과의 관계에 관심을 보이며 주관적인 감정과 태도, 인간 중심의 가치를 중요하게 여긴다. 또한 의사를 결정할 때 객관적인 기준보다는 가치와 의미, 그 결과가 자신과 타인에게 미치는 영향을 고려한다. 이들은 사실관계보다는 인간관계를 더 중시하며 일이나 사람에 대한 열정이 많은 편이다. 타인을 배려하고 개인의 입장을 고려하여 조화를 이루고자 한다.

④ 행동양식에 따라 판단형과 인식형으로 나뉜다: 판단형 사람들은 계획과 체계를 세워 생활하고 단계적으로 일하기를 선호한다. 이들은 효율적으로 일하고 정해진 시간안에 일을 끝마칠수 있도록 미리 준비하는 편이다. 예측이 가능하고 통제할 수 있는 상황을 선호하며 하기 싫은 일이나 스트레스를 받는 일을 먼저 처리해놓고 휴식과 여가를 즐긴다. 일상적이고 반복되는 일도 꾸준히 해내며 한번에 한가지씩 처리하고 주변의 정리정돈을 잘한다. 인식형 사람들은 자율적이고 융통성을 발휘하며 생활한다. 동시에 여러 가지 일을 벌여놓고 한번에 처리하는 편이며 마감시간에 맞춰 끝마무리를 한다. 예측하지 못한 상황에 대처하는 순발력이 뛰어나서 애매한 상황에도 잘 적응하고 유동적이고 개방적인 편이다. 틀에 박힌 생활이나 여유없는 생활은 구

속이라 생각하며 새롭고 흐이로운 경험을 하려고 노력한다. 즉각적인 활동을 선호하고 스트레스상황도 잘 견딘다.

4) MBTI 유형별 기질

구분	유형	대표 유형	특징
전통 주의자	감각 -판단 (SJ) 기질	ISTJ, ISFJ, ESTJ, ESFJ	- 부지런, 근면, 성실, 완벽주의 - 철밥통, 가정적인 집단, 규정대로 하는 모범생 - 어른 공경, 예의 바름 - 창의력, 재미가 적은 편 - SP 기질과 반대 - 교실에 앉아 교과서대로 가르침 - 개미: 부지런함, 성실함, 책임감(SJ) - 공무원, 초중등 교사의 60~65%
경험 주의자	감각 -인식 (SP) 기질	ISTP, ISFP, ESTP, ESFP	- 변화와 스릴을 즐김 - 자유를 먹고 삶 - 통제에 저항 - 손재주가 있음 - 청소년기에 사고치는 경향이 높음 - 증거수집능력이 적어 SJ에게 짐 - 다양한 실습을 통한 학습을 즐김 - 수업시간에 장난을 잘 치고 떠듦 - 배짱이: 낙천적, 현재 중심, 여유 - 연예인, 운동선수, 예술가
이상 주의자	직관 -감정 (NF) 기질	INFJ, INFP, ENFP, ENFJ	- 인간에게 관심이 많음 - 대부분의 일을 인간관계 중심으로 생각함 - 결보기에는 약하지만 정신적인 면에서 매우 강함 - 나 하나 희생하여 인류가 나아질 수 있다면 기꺼이 자신을 버릴 수 있음 - 사슴 : 멀리 하늘을 물끄러미 바라봄 - 해리포터 작가의 롤링, 슈바이처, 성직자
합리 주의자	직관 -사고 (NT) 기질	INTJ, INTP, ENTP, ENTJ	- 지식에 관심이 많음 - 가족과 있을 때 따뜻해짐 - 정서적으로 감정이 메말라 보이기도 함 - 논리적, 합리적이며 인간적 거리감이 느껴짐 - 비상한 머리와 찬 가슴 - 이상을 조직적으로 수행해 감 - 의학, 공학, 건설 등 모든 과학기술의 최선봉에서 연구함 - 빌 게이츠, 에디슨, 대학교수, 변호사

5) MBTI 성격유형에 따른 직업 선호 경향

MBTI 유형	직업
ISTJ	회계 및 법률, 금융, 교육, 비즈니스
ISFJ	보건, 의료, 사회복지 및 교육, 비즈니스, 예술계열
ISTP	판매 및 서비스, 창의성 발휘 분야, 의료, 금융, 수공업
ISFP	수공업 및 기능직, 보건 및 의료, 과학 및 기술, 판매 및 서비스
INFJ	상담 및 교육, 종교, 창조적 예술, 예술가 및 디자이너, 보건 및 의료, 상경계열(비즈니스)
INTJ	비즈니스, 금융, 기술, 교육, 보건 및 의료, 전문직
INFP	예술, 교육 및 상담, 종교
INTP	컴퓨터 기술 개발, 보건 및 의료, 전문직, 학문, 예술계열
ESTP	서비스, 금융, 엔터테인먼트, 기술 및 수공업, 비즈니스
ESFP	교육 및 사회복지, 보건 및 의료, 엔터테인먼트, 비즈니스 및 판매, 서비스
ESTJ	판매 및 서비스, 기술 및 노동, 관련 분야, 전문직, 상경계열
ESFJ	보건 및 의료, 교육, 사회복지 및 상담, 예술계열, 판매 및 서비스
ENFJ	커뮤니케이션, 상담, 교육 및 휴먼서비스, 보건 및 의료, 비즈니스 및 컨설팅
ENTJ	경영, 금융, 상담 및 트레이너, 전문직
ENFP	기자, 작가, 아트디렉터, 상품기획자, 직업상담사, 사회심리학자
ENTP	PD, 카피라이터, 광고기획자, 정신과의사, 건축가, 법률가, 항공엔지니어

3 SWOT 분석

SWOT분석이란 특정한 과제를 해결하기 위해 내부역량(S/W)과 외부환경(O/T)을 조사하는 것으로 강점은 살리고, 약점은 최소화하며 기회를 활용, 위협을 최소화하는 전략을 수립하여 자기개발과 진로, 취업에 활용하는 것이다.

[작성방법]

SWOT 분석 각 파트별로 강점과 약점, 기회와 위협이 되는 것이 무엇인지 고민해본 후 키워드 중심으로 작성해본다.

SWOT 분석	
Strength 강점 내부환경(취업준비생)의 강점	Weakness 약점 내부환경(취업준비생)의 약점
Opportunities 기회 외부환경(거시적, 경쟁자, 지원사업)에서 비롯된 기회	Threat 위협 외부환경(거시적, 경쟁자, 지원사업)에서 비롯된 위협

① SO전략(강점-기회 전략)

시장의 기회를 활용하기 위해 강점을 사용하는 전략을 선택

② ST전략(강점-위협 전략)

시장의 위협을 회피하기 위해 강점을 사용하는 전략을 선택

③ WO전략(약점-기회 전략)

약점을 극복함으로써 시장의 기회를 활용하는 전략을 선택

④ WT전략(약점-위협 전략)

시장의 위협을 회피하고 약점을 최소화하는 전략을 선택

[SWOT를 바탕으로 객관적 자기 분석표 작성의 실제]

작성방법: 대삭생활을 하면서 겪었던 일들을 아래 항목에 맞게 적어보면서 자신을 탐구하는 시간을 갖는다.

항목	내가 좋아하는 것	중요한 이슈	추가 내용
전공			
실무경험			
봉사			
동아리			
아르바이트			
자격증			

4 홀랜드의 성격, 행동유형 분석

진로에 대한 탐색을 시작하면 누구나 진로에는 너무많은 가능성이 있다는 것을 느끼게 되고 고민을 하게 된다. 홀랜드는 진로 탐색의 범위와 관점을 좁히는 하나의 방법을 제공하면서 여섯 가지 성격 유형과 거기에 적합한 여섯 가지 기본적 작업환경을 제안했다.

그에 따르면 일반적으로 사람들은 여섯 가지 성격인 현실형(R) Realistic, 탐구형(I)Investigative, 예술형(A)Artistic, 사회형(S) Social, 진취형(E)Enterprising, 관습형(C)Conventional으로 정리된다. 각각의 성격유형은 환경에 직면했을 때 문제에 반응하는 태도나 기술에서는 물론 직업활동과 여가활동에 대한 선호도, 삶의 목표, 가치 등에서도 일련의 특징을 나타낸다.

사실 한 사람이 순수하게 하나의 유형에만 속하기는 드물다. 오히려 한두가지의 유형이 두드러지게 우세하고 다른유형들이 부차적으로 섞인 혼합형을 많이 볼 수 있다.

유형	특성
실재형 (Realistic)	실재형의 사람들은 솔직하며, 성실하고 검소하며, 지구력이 있고 건강하며, 소박하고 말이 적으며, 고집이 세고 객관적이며 단순하다. 기술자, 기계 조작자, 정비사, 농부, 엔지니어, 전기·기계기사, 운동선수, 경찰, 건축사, 생산직, 운전자 등의 직업을 선호한다.
탐구형 (Investigative)	탐구형의 사람들은 논리적이며, 분석적이고 합리적이며, 정확하고 지적호기심이 많으며, 비판적이고 내성적이며 신중하다. 물리적, 생물학적, 문화적 현상의 창조적인 탐구를 수반하는 활동에 흥미를 보인다. 과학자, 생물학자, 물리학자, 인류학자, 기술학자, 의료기술자, 약사, 의사, 연구원, 대학교수, 잠재범죄인, 환경분석가 등의 직업을 선호한다.
예술형 (Artistic)	예술형의 사람들은 상상력이 풍부하고 감수성이 예민하며, 자유분방하고 개방적이다. 또한 감정이 풍부하고 독창적이며, 개성이 강하고, 직관적이다. 예술가, 작곡가, 음악가, 무대 감독, 작가, 배우, 소설가, 미술가, 무용가, 디자이너, 자유기고가, 사진사, 언론인, 카피라이터, 신문편집인, 시인, 소설가, 만화가, 컴퓨터 애니메이터 등의 직업을 선호한다.
사회형 (Social)	사회형의 사람들은 사람들을 좋아하고 어울리기 좋아하며, 친절하고 이해심이 많으며, 남을 잘 도와주고 봉사적이며, 감정적이고 이상주의적이다. 사회적으로 교육적인 지도력과 대인관계 능력이 있다. 사회복지가, 교육자, 간호사, 교사, 종교지도자, 상담가, 임상치료가, 언어치료사, 사회사업가, 물리치료사, 직업상담가, 서비스직 등의 직업을 선호한다.
진취형 (Enterprising)	진취형의 사람들은 지배적이고 통솔력과 지도력이 있으며, 말을 잘하고 설득적이며, 경쟁적이고 야심적이며, 외향적이고 낙관적이며, 열성적이다. 기업경영인, 정치가, 법조인, 영업사원, 상품구매인, 보험회사원, 판매원, 관리자, 연출가, 아나운서, 홍보담당자, 펀드매니저, 부동산중개인, 여행가이드, 언론인, 외교관, 동시통역사, 고급공무원 등의 직업을 선호한다.
관습형 (Conventional)	관습형의 사람들은 정확하고 빈틈이 없으며 조심성이 있고 세밀하며 계획성이 있고 변화를 좋아하지 않으며, 완고하고 책임감이 강하다. 사무적이고 계산적이며 체계 경리 능력이 있다. 은행계사, 정부사무원, 은행원, 세무사, 회계사, 컴퓨터 프로그래머, 감사원, 전산관리자, 사서, 법무사, 일반사무원, 일반공무원 등의 직업을 선호한다.

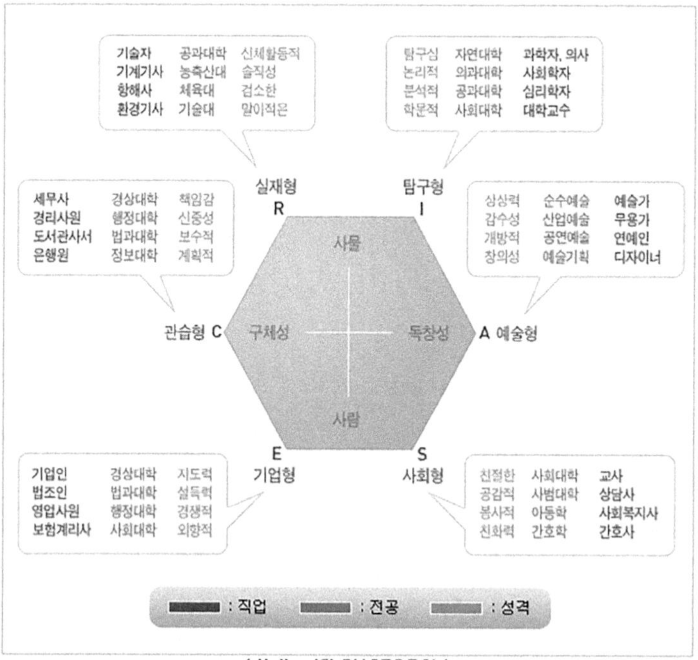

(Holland의 RIASEC유형)

참고문헌

- 강혜영 · 이제경(2010). 대학교수를 위한 학생상담 가이드북. 학지사.
- 고용노동부(각 년도). 고용형태별 근로실태 조사보고서.
- 곽대강 외(2017). 전문대생 · 고등학생을 위한 NCS 활용 취업성공 가이드. 밥북.
- 구현정 · 전영옥(2005). 의사소통의 기법. 박이정.
- 권석만(2004). 젊은이를 위한 인간관계의 심리학. 학지사.
- 권순효(2018). 사회적 경제기업과 일반기업의 직무성과와 직무 만족에 미치는 영향요인 분석. 원광대학교 석사학위 논문.
- 김동규 · 이영찬(2000). 직업윤리. 학교법인 기능대학.
- 김봉환 외(2013). 진로상담. 학지사.
- 김진태 · 한동희(2015). DISC로 성격 을디자인하자. JNC커뮤니티.
- 김형관 · 밸러스에듀 리서치 팀 저(2015). 기적의 취업면접 100 문 100답. 조선북스.
- 김홍근 외(2007). 한국인의 직업의식과 직업윤리(2007) -국제 비교 맥락에서 본 한국인의 직업의식-. 한국직업능력개발원.
- 남미정(2011). 개인윤리와 기업윤리가 조직구성원의 윤리적 의사결정에 미치는 영향에 관한 연구 -사회적가치지표(SVI)를 중심으로- 목표대학교 박사논문.
- 박상철 외(2008). 해외 직업연구 및 직업정보 개발 동향. 한국

고용정보원.

- 박순성 외(2005). 전환기 한국 사회의 새로운 직업윤리 모색: 철학적 기초와 사회적 제도. 한국직업능력개발원.
- 박윤희(2011). 진로 탐색 및 직업 선택. 시그마프레스.
- 박재원 역(2010). 변혁적 리더를 위한 리더십 코칭. 김앤김북스.
- 박현석(역)(2004). 전달의 기술. 다연.
- 배상복(2006). 일반인을 위한 글쓰기 정석. 경향미디어.
- 서현주 외(2021). 직업가치관 검사 개정 2차 년도 연구보고서 - 규준개발 및 타당성 검증을 중심으로-. 한국고용정보원.
- 설민준(2020). AI면접 합격기술. 시대고시기획.
- 송원영 · 김지영(2009). 대학생의 진로 설계. 학지사.
- 신익현 외(2000). 국가인적자원개발 주요 정책 진단 · 분석 및 개발 연구. 한국직업능력개발원.
- 심재우(2004). GE처럼 커뮤니케이션하라. 일빛.
- 원창희(2012). 갈등관리의 이해. 한국문화사.
- 유제홍 · 권성경(1999). 주요 선진국의 직업연구 동향. 한국직업능력개발원.
- 이영희 외(2010). 자기주도형 인성과 경력개발. 백석문화대학교.
- 이영희(2010). 최신 서비스마케팅. 두남.
- 이제경 외(2012). 대학생의 효율적 진로상담체계 구축을 위한 진로문제 유형분류와 개입방안(한국기술교육대학원 HRD 연구센터에 제시된 내용 수정).

- 이주진(2019). 진로와 취업전략. 한올.
- 이진복(2011). 기업윤리의 정치철학적 접근. 경북대학교 박사학위논문.
- 이한메(2011). 한국인의 기업 윤리관에 관한 연구. 고려대학교 박사학위 논문.
- 장동운(2009). 갈등관리와 협상기술. 무역경영사.
- 장서영 외(2014). 대학교수 진로지도 가이드 개발 연구보고서. 한국고용정보원.
- 전영우(2007). 귀담아 듣는 언어생활 –적극적 경청법-. 민지사.
- 정명진(역)(2010). 팀워크 심리학. 부글북스.
- 정연순 외(2014). 대학생을 위한 취업 교육. 한국고용정보원.
- 주석진(2023). 직업과 경력개발. 공동체.
- 차연희(2020). 사회적 기업가 정신이 사회적 경제기업의 경영성과에 미치는 요인에 관한 연구. 성균관대학교 석사학위논문.
- 채천석(역)(2003). 팀워크를 혁신하는 17가지 불변의 법칙. 청우.
- 천대윤(2005). 갈등관리와 협상전략론. 선학사.
- 최염순(역)(2011). 리더십마스터하기. 씨앗을 뿌리는 사람.
- 최영순 외(2021). 2022 한국직업전망. 한국고용정보원.
- 최정윤(2002). 심리검사의 이해. 시그마프레스.
- 표형종(2014). 취업체크리스트. 진서원.
- 한국고용정보원(2014). 청년취업역량프로그램 진행자용 워크북/매뉴얼. 고용노동부 한국고용정보원.

- 한국산업인력공단(2020). NCS 직업기초능력 가이드북.
- 한국진로교육학회(2000). 진로교육의 이론과 실제. 교육과학사.
- 한수정 · 우소연(2023). 셀프 진로설계와 취업면접. ㈜백산출판사.
- Dunlop, J. T.(1960). Industrial Relations and Industrial Society in Union Management and the Public, ed., by Bakke and Anrod, Harcourt Brace & World.
- Dunning Donna,(2008). 성격유형과 커뮤니케이션. 어세스타. 한국MBTI연구소 역.
- Gysbers, N. C., Heppner, M, J., & Johnston, J, A. 저, 김봉환 역(2007). 진로상담의 실제. 학지사.
- Harren, V. A(1979). A model of career decision making for college students. Journal of Vocational Behavior. 14 : 119-113.
- Hirsh, S. K. & Kummerow, J. M(1997). 성격유형과 삶의 양식. 심혜숙, 임승환 옮김. 한국심리검사연구소.
- Myers Isabel Briggs, Myers ,Peter B.(2002). 서로 다른 천부적 재능. 어세스타. 김정택 · 심혜숙 역.
- Osipow, S, H., W. B., Walsh, 김병숙 역(2005). 직업심리학 핸드북. 시그마프레스.
- Penley Jenet, Stephens. Diane W.(1998). 성격유형과 자녀 양육태도. 어세스타. 심혜숙 · 임승환 역.
- Tieger, Paul D., Barbara Barron-Tieger(2016). 성격을 읽는 법. 더난출판사. 강주헌 역.

박서현

저자는 20년간 의료기관에 재직하며 기획, 홍보, 인사 등 다양한 실무를 경험한 HRD 전문가이다. 특히, 경영혁신을 주도하고 소통 중심의 조직문화 개선, 다면평가 시스템 설계 등에서 탁월한 성과를 거두었다.

이러한 풍부한 현장 경험을 바탕으로, 현재 한국폴리텍대학 부산캠퍼스에서 NCS 직업기초능력, 인공지능 개론, 리더십 등 다양한 교양과목을 강의하고 있다. 또한 동주대학교 외래교수, 한국폴리텍대학 산학협력중점교수를 역임하였으며, 현재는 ㈜하워드 대표이사로서 KAIST, 경성대학교, 부산가톨릭대학교 등 여러 기관의 평가 및 성과관리 컨설팅을 수행하고 있다.

현장의 실무 경험과 학문적 지식을 아우르는 균형 잡힌 시각을 바탕으로, 구직자들이 실제로 활용할 수 있는 실용적인 내용을 담은 셀프취업 가이드북을 집필하였다.

NCS 기반 셀프취업 가이드북

발행일 2025년 2월 27일
지은이 박서현
펴낸이 이구만
펴낸곳 유원북스
04091 서울특별시 마포구 토정로 222, 416호
(신수동, 한국출판콘텐츠센터)
Tel (02)593-1800 Fax (02)6455-1809
출판등록 2011.9.6. 제25100-2012-3호
www.uwonbooks.com uwbooks@daum.net
편 집 전충영
조 판 남동우
디자인 이채현
ISBN 979-11-6288-211-5 (03320)
정 가 16,000원